瞬时竞争力

快经济时代的6大制胜战略

〔英〕丽塔·麦克格兰斯◎著
（Rita Gunther McGrath）

姚虹◎译

THE END OF
COMPETITIVE
ADVANTAGE

How to Keep Your Strategy
Moving as Fast as Your Business

四川人民出版社

杨斌 教授
清华经管领导力研究中心主任

　　开设 leadership 类的课程伊始，我就打定主意，认真地称呼它为"领导之道"。倒不是为了简单地省"力"求异，而是包含些许自己的念想在里头。

　　一是想突出 TO BE（是）与 TO DO（做）的不同。听者习者，是想有些即刻好用的法子、技艺，能够克敌制胜，佳绩可期。送他们来念课参训的法人、大人们，也有不少抱有希望收获回去更趁手的兵器。这都再正当不过了。"力"掌握于个体，服务于集体，可以度量，可以培养，可以作价，可收可发。但正当，不代表正确。那些后缀着"ship"的名堂，常常因为它忘怀了知识（K），超越了技能（S），融进了品性（A）。你所变成的，你所就是的，于他人可以发见、欣赏，但却不那么容易迁移，或迁移成了却了无生意。"成为领导者""作为领导者"，与"具备领导力""谙熟领导学"不同。其不同，我想先从不用"力"做起。

　　二是想坦陈"坐而论道"的局限，为师的难。看成是本事，提高得靠实践、历练；看成是心性，则需要更长时间的积淀，抑或机缘遭逢的悟到、绽放。而写出来，讲出来，lost in words，几乎是一定的。开个诗歌课是个多难的事儿呢？诗歌鉴赏课上的七嘴八舌，或读几句就走心呆坐，但还没有逼到要叫人"写出诗句"或"活出诗意"。所以，要认命。也就是自说自话的说道（也最好还别布道），不敢轻易说有多少科学，但经过了组织与梳理，遵从逻辑，有所体系，不怕人说是 well organized common sense（精装常识）——这年头常识常遭忽视。总有"听者有心"并愿意起而行之，反求诸己，自我修炼，把看到、听到的"常识道"，与本身的使命、本心化成，内化调制为自己的"非常道"。谁之功？回首向来萧瑟处，百姓皆谓我自然。

再说干遍又何妨？"领导"这个词，在这里，在我所选的这些书里，不是职位，不是功绩，不是命令链条，不是炫目浩荡。它是一个或是一些人，让人更是人，让组织更向上，让社会更向前，让这些变化更有机地发生的实践。

为什么用卓越？讨论领导，常用的是有效，充满着还原论的机械；说伟大，又太多 Kitsch[①] 表达。卓越各不同，横看成岭侧成峰。如果说领导像爱情一样，是世界上最容易观察到的却又最不容易理解的现象的话，卓越则更是多维多样，甚至，很多时候领导者之卓越、之所以卓越，与你"纯朴真挚、劝人向善"的意识形态存在矛盾。所以，我特意编选的这个"卓越领导之道"书系中的书，都有些思想上的耐人寻味，而不怎么是用力地鼓吹感召，都有些无心栽柳的边缘意识，却正合了这不确定时代的道道。

希望你通过阅读而享受思考，通过领导而获得解放。

---

① 出自德语，媚俗之意。——编者注

快经济时代的制胜法门

亚历克斯·古尔利（Alex Gourlay）

英国联合博姿公司健康与美容部前 CEO

本书的出版恰逢其时。在大多数人都要面对的激烈的市场竞争中，每一位企业领导者都在寻找制胜法门，而阅读这本书将令他们获益良多。从最初在格拉斯哥（Glasgow）的博姿集团（Boots）做"周六助理"时起，我从事零售业已经有 32 年了。在此过程中，我亲眼目睹市场环境的变化速度不断加快，我们曾深以为然的设想逐渐被颠覆。消费者的购物行为也发生着翻天覆地的变化。竞争优势曾令具有 163 年历史的博姿成为标志性品牌，而现在，我们正面临着竞争优势的终结。消费者对企业犯错的容忍度达到了历史低点，在这种转变下，博姿也无法幸免。

2006 年，博姿集团与英国单化联盟公司（Alliance UniChem）合并，成立了英国联合博姿公司，因而第一次接触到丽塔·麦克格兰斯的理念。随后的调整期让我们有机会在 2007 年完成了对这个"新公司"的私有化。那时，我们决定转型，以顾客至上的全新理念经营公司。我有幸与丽塔共事，她是一位极具天赋、理念新颖的战略思想家。我们曾试图将书中提到的很多原则，引入新公司领导的思维模式中，如今仍在这样做。我们力图行动更加迅速果断，也更为坦诚，这样，即使手头的信息是负面的，也能被快速传播并立即得到处理。我们比以往花更多时间去思考未来。我们试图打破孤立的格局，使公司结构更加合理，以便把握发展机遇并协调统一地运作。最重要的是，我们努力培养有胆识的领导者，让他们能够将竞争的快速更迭看作激动人心的挑战，带领公司勇敢抓住机遇，而在公司战略与企业活动不再占据商机时，他们能果断地采取措施着手进行改变。

在转型初期，许多旁观者都持怀疑态度。这些旁观者认为，博姿品牌已经出现疲软，估值偏低，而且品牌策略不能自圆其说，执行不力。他们还认为，博姿将 B2B 的批发经营与以客户为中心的零售业务相结合，而这种新的经营模式在过去鲜有成功。但事实证明，这些批评是错误的。无论是博姿的品牌认知度、客户满意度，还是员工参与度都创下历史新高。此外，自英国联合博姿公司完成私有化以来，即使面临全球经济衰退，每年的盈利也实现了至少 10% 的增长。

我们的转型还远未结束，你们的情况也是如此。不过我们相信，本书所提出的策略和理念是无价的。策略需要改变，因为客户和市场正在以前所未有的速度变化着。书中的理念为企业适应当今这个充满瞬时竞争优势的世界提供了非常必要的指导。

踏上瞬时竞争优势的浪潮

管理战略已然陷入僵局。如果你参与过一次董事会讨论或管理团队会议，可能会听到很多战略思考，这些思考所依托的理念和框架是在不同时代提出的、为不同的时代服务。其中，迈克尔·波特（Michael Porter）的"波特五力分析模型"、波士顿咨询公司（BCG）用于分析企业产品的"市场增长率－相对市场份额矩阵"，以及加里·哈默尔（Gary Hamel）与普拉哈拉德（C.K.Prahalad）提出的"企业核心竞争力"，都是非常重要的理念。时至今日，很多战略的制订仍然得益于这些理念的启示。然而，今天我们所使用的所有战略框架和工具，几乎都建立在一个主导理念之上，即制订战略是为了创造可持续竞争优势。这是制订战略最基本的概念。对每个企业而言，这一概念都如同"圣杯"一般至关重要，但是对越来越多的企业来说，现实状况已非如此。

在本书中，我将论述可持续竞争优势这一理念，并论证管理者不应再以此为基础制订战略。在这种情况下，我基于瞬时竞争优势，就战略制订提出了自己的观点：**想要在多变且不确定的环境中取胜，管理者需要学会迅速果断地利用瞬时机遇。我认为，管理者追求从竞争优势中获取最大价值，他们所依赖的结构和体系，也就是责任，在如今竞争激烈、瞬息万变的大环境下已经过时，甚至相当危险。**

这一点似乎是众所周知的，但是，为什么基本的战略实践仍未改变呢？因为大多数管理者即使认识到竞争优势是瞬时的，还是会采用特定的战略框架和工具，以获取可持续竞争优势，而非迅速抓住机会、实现优势转换。

本书将就这一问题进行探讨，并基于瞬时而非可持续竞争优势，提出一套全新的实践方法。通过本书，你能够掌握战略制订的新方法，这种方法是基于一系列对世界运转方式的全新设想。此外，你还能了解到在竞争优势稍纵即逝的情况下，世界上最成功的企业是如何运用这套新方法在竞争中取胜的。

竞争战略的演变

为什么可持续竞争优势理念的核心地位能够一直根深蒂固呢？下面，我将回顾这一理念的演变过程，同时阐述我在学术与管理实践两方面的成果又是如何促成本书的。

可持续竞争优势

在研究和实践中，战略和创新曾经一直被认为是两个独立的学科。战略就是在一个明确的行业中寻找有利地位，发掘长期竞争优势。创新则关乎开发新业务，被认为是从企业的一系列核心活动中分离出来的。最初，我研究企业创新的过程，其中大部分成果在我之前与他人合著的书中已有论述。当时，除了鲍勃·伯格曼（Bob Burgelman）、凯西·艾森哈特（Kathy Eisenhardt），以及我的良师益友兼合著者伊安·麦克米兰（Ian C. MacMillan）①之外，鲜有学者研究"企业创投"，而我在博士阶段的很多同学都忙于研究各行业内的态势变化，以期了解如何获得可持续竞争优势。

那时，我的学术研究主要与在大型企业内培养创业行为相关。我获得的一大启示是：**当你尝试进入自身经验不足的领域时，也就是当你需要做的假设远多于拥有的知识时，就需要采用一套全然不同的方法。**我和麦克米兰在《发现导向型规划》（*Discovery-Driven Planning*）一文中提出过摆脱这一窘境的方法，这篇发表在《哈佛商业评论》的热议文章，也因此成为创业精神和创新课程的重要教材。当时，我们并没有意识到自己的做法为一种新的战略方式奠定了基础，而在这种方式中，可持续竞争优势不再是重点。

传统战略与现实世界的差距

在帮助客户发展创新能力的过程中，我曾有机会将这些理念付诸实践，也正是在这个时候，我们逐渐注意到，与我们合作的大多数公司都在核心业务竞争的基本战略上遇到了困难。越来越多的客户，如杜邦、3M、诺基亚、英特尔和 IBM 等公司都开始意识到，传统的战略方法和创新方式已跟不上竞争市场的发展速度。

① 本书作者与她的黄金搭档伊安·麦克米兰合著的经典畅销著作《引爆市场力》已由湛庐文化策划，中国人民大学出版社出版。——编者注

尽管帮助企业跟上竞争步伐的管理工具增加了不少，这些工具却并未被企业管理者们充分利用。他们在提交给贝恩咨询公司（BAIN）的报告中称："新型经济的快速发展，让人和企业都觉得自己没有使用工具的时间。"而企业越是深感"人手不足"，就越依赖自己已经熟悉的工具，这一现象在北美地区尤其明显。具有讽刺意味的是，虽然管理工具和管理方法的创新颇多，很多公司对旧有战略工具的依赖却有增无减。所以尽管他们说采用了日渐先进的方法，但如果你对此一探究竟就会发现，他们还在使用 SWOT 分析、行业分析，以及相当传统的竞争分析方法。管理者意识到自己需要新的战略方法却仍固步自封，使用旧的战略或者干脆什么也不用。

随着实践中差距的不断扩大，学术界的一些学者开始质疑可持续竞争优势的理念。伊安·麦克米兰是最早梳理战略意义的学者之一。他认为，应该以波浪式的方法思考竞争优势，同时，战略制订者应与时俱进、推陈出新，抓住每个战略的契机。他和理查德·达韦尼（Richard D'Aveni）创造了一个新名词——"超强竞争"（Hypercompetition），来描述企业竞争优势可能瞬间被淘汰的市场。

无论在商业界还是学术界，人们都逐渐意识到，现存的战略框架难以帮助领导者应对不断加快的竞争速度。随着互联网和知识经济的出现、贸易保护条例的减少以及技术的进步，世界发展越来越快，那些你认为能应对这些变化的公司，却出于某些原因失去了竞争优势。我的已故挚友马克斯·博伊索特（Max Boisot）曾归纳出了知识密集型产业优势不稳定的意义。他认为，在优势的演变过程中，企业获利最多的时间点也正是最脆弱的时间点。20 世纪 90 年代末，随着"颠覆式创新之父"克莱顿·克里斯坦森（Clayton M. Christensen）[①]的《创新者的窘境》（*The Innovator's Dilemma*）一书的出版，创新与战略之间的关系成为主流话题。该书指出，发现导向型规划对企业战略者不断创新大有助益。

瞬时竞争优势呼唤"新战略手册"

竞争战略、创新和组织变革这三个领域开始相互融合。这就意味着，我们需要在波特五力分析模型、波士顿矩阵等根深蒂固的框架和工具中，加入实施战略所需的新框架和新工具。这些年，我在早期著作、《哈佛商业评论》期刊论文、访谈和咨询中，已经大致总结出实施战略的全新方式。例如，期权推理（Options Reasoning）将是未来的一种投资方式，无须冒巨大损失的风险；智慧型失败（Intelligent Failure）能够有效促进学习；机会识别（Opportunity Recognition）也是一种能够通过系统性学习得到提高的技能；资源配置流程（Resource Allocation Process）或许是影响组织事务及分工的最有效的方法。我们需要把客户想象成"待办事项"，而不是仅受供需影响的僵化市场。商业模式的创新与研发及产品创新同样重要，而且，在不同的商业成熟阶段，应采用不同的领导行为。

我把这些想法全部集中在这本书里，称之为"新战略手册"。本书基于对世界运作方式的全新假设，这一系列假设与过去几十年带给我们实用框架和工具的假设截然不同。**如今，新战略手册需以瞬时竞争优势为基础。也就是说，当竞争优势不再持久时，竞争场合、竞争方式及制胜法门都会截然不同。**

---

① 克莱顿·克里斯坦森十年磨剑之作《创新者的处方》《创新者的课堂》已由湛庐文化策划，中国人民大学出版社出版。——编者注

即使你知道基于新的假设制订战略是正确的，但要真正作出改变，也会令人望而生畏。更具挑战性的是，你要将自己战略的最终目标，从追求可持续竞争优势转变为追求瞬时竞争优势。除非你已经深入探索新的竞争优势，否则将无法从现有的竞争优势中挤出更多利益。尽管如此，正如你将从本书讲述的来自全球的企业与领导者，凭借瞬时竞争优势取得了成功的案例那样，一旦采纳了本书的全新战略，改变竞争优势便没有那么令人生畏了。我访谈过的一些领导者甚至还乐在其中，没有丝毫抗拒和抵触，也没有为此疲劳不堪，反而通过追求瞬时竞争优势来积极号召同人采取行动、刺激创新。

迅速变化的战略也对管理者的职业生涯具有重要启示。我有一位朋友在一家巴西公司工作，他提出了一个有点儿违背常理的观点。他说："在巴西，我们经历了通货膨胀、腐败、不可预知的政府监管，等等，你能想象到的我们都经历过。这样你就明白了，慢慢地你也能处理好这类问题。"他指出，只经历过温和竞争的管理者，当需要面对并处理新一代巴西领导者带来的某些挑战时，即便经验丰富，也常常会感到不知所措。

显而易见，如果领导者没有准备好动态竞争力，将可能会导致企业损失惨重，但在我看来，我们还应认识到其带来的好处。当面临真正的竞争威胁时，企业僵化、无效的情况反而会好转。举例来说，还有人愿意回到那种价格和选择都由国有电话公司操控的年代吗？**在找寻新机遇的过程中，企业会越来越善于发现人们真正需要且愿意购买的产品；越来越善于设计更好的用户体验；越来越善于利用现有资产来提高效率**。在多数情况下，普通人用同等的美元、日元或欧元所获得的价值，远高于 10 年或 20 年前所能获得的价值。新思想和新公司蓬勃发展的机会也比以前更多。

　　在这里，我要感谢那些帮助过我的人，因为他们，本书才得以完成。埃森哲公司的吉尔·戴利（Jill S. Dailey）是非常难得的才智兼备的合作伙伴，他提出了一些新理念以及将这些理念付诸实践的方法，领域竞争和行业竞争的理念是我们精诚合作的结晶。伊安·麦克米兰是一位良师益友，会直言不讳地批评他认为无意义的观点。此外，我还要感谢那些接受我的采访并针对本书给出意见和建议的人，感谢艾莉森·诺曼（Alison Norman）、张希（Xi Zhang）和索瑞恩·李（Sooreen Lee）在研究中给予的鼎力协助，感谢梅林达·麦瑞诺（Melinda Merino）和哈佛商业评论出版社的编辑团队协助整理书中的理念。

　　我认为，本书中介绍的人物和企业，即使现在他们的竞争优势已不复存在，也能代表部分最优秀的战略新思想和新行动。当然，他们并不总是正确的。事实上，就算那些关于瞬时优势和从失败中学习的观点真的适用，也几乎不可能保证企业次次都能作出正确的抉择。然而，**当面临突发状况或陷入困境时，接下来采取的措施才是最重要的。最优秀的企业会坦然看待发生的一切，并思考下次如何更好地应对，然后继续前进。**这有点像冲浪，你可能会从冲浪板上摔下来，然后自己尴尬地回到岸边，但优秀的冲浪者会重新踏上冲浪板。**优秀的企业也是如此。他们会踏上一波又一波竞争优势的浪潮，尽量不在某一波浪潮上停留过久，因为每一波浪潮最终都会消退。他们总在寻找下一波浪潮。**了解这些企业也是一件非常有趣的事情。

扫码下载"湛庐阅读"APP，
搜索"瞬时竞争力"，
测测你的公司，竞争优势是否正在衰退？

01　竞争优势的终结　/ 001

可持续竞争优势的假设引发了对"稳定属常态，变化属非常态"的致命偏见，事实恰恰相反，在高度动态化的竞争环境中，变化并不危险，稳定才是最危险的状态。你的公司是否仍受限于陈旧的竞争优势？

传统假设，企业衰落的根本原因

竞争战略新逻辑

竞争场合：竞技场思维，而非行业思维

竞争方式：瞬时竞争优势，而非可持续竞争优势

制胜法门：踏上瞬时竞争优势新浪潮

新战略手册

瞬时竞争实践　你的公司是否受限于落后的竞争优势

04 资源配置，提高企业敏捷性 / 083

在瞬时优势的环境里，更好的做法是放弃优化某些资源，转而创造灵活性优势，要创建能够灵活应对瞬时优势影响的企业，把控资源分配的过程是不二法宝。那么，企业如何通过资源配置来提高敏捷性？

THE END OF COMPETITIVE ADVANTAGE

01
竞争优势的终结

可持续竞争优势的假设引发了对"稳定属常态，变化属非常态"的致命偏见，事实恰恰相反，在高度动态化的竞争环境中，变化并不危险，稳定才是最危险的状态。你的公司是否仍受限于陈旧的竞争优势？

企业衰落的根本原因，是其根深蒂固的组织结构和组织系统不适应当今环境。企业专注于既有的竞争优势，将它作为最主要的获利途径；而当今环境瞬息万变，充满未知，要求企业能够挺过风浪，并抓住转瞬即逝的机遇。企业要在当今动荡而不确定的环境下获得一席之地，就要采取不同的竞争战略。

THE END OF COMPETITIVE ADVANTAGE

富士胶片株式会社的起步并不顺利。20世纪30年代，富士胶片的前身——富士写真胶片株式会社在日本成立，新工厂继承了日本首个照相胶片业务。之后几年，富士胶片通过不断提高质量，改善了声誉，成为全球化大型的企业，并开始与胶卷及底片处理行业巨头，比如伊士曼柯达公司展开竞争。100多年来，无论在业余市场还是专业市场，基于化学冲印照片的方式并没有发生实质性的变化，这意味着竞争由产品本身转向了市场销售。富士奋力打入胶片市场的时候，柯达在这一领域早已地位稳固。胶片产业出现了很多创新，比如胶卷、35毫米胶片、易填装胶片盒，甚至还有便携相机，但几十年间，胶片处于摄影业竞争领域的中心地位并未被撼动。

然而，20世纪70年代摄影业发生了一件大事，对摄影业的转型产生了重大影响。来自美国最富裕家族之一的两兄弟尼尔森·亨特（Nelson Bunker Hunt）和威廉·亨特（William Herbert Hunt）操纵白银期货，试图垄断银市。他们有意大量购买白银，以抵御当时极其严重的通货膨胀；鉴于他们持有大量石油，这样也可以使资产类别多样化。兄弟二人从 1973 年开始投资白银，当时白银价格是每盎司不足 2 美元；1979 年初，价格上涨至每盎司 5 美元左右；到 1979 年底其计划曝光时，他们已囤积了 1 亿多盎司（约合 283 万千克）白银，据观察者猜测，约占世界白银供应量的一半。他们的投机行为导致银价暴涨，达到惊人的每盎司 50 多美元。

胶片生产商们惊慌失措，因为白银作为胶片冲洗的关键原料，如果其价格远远超出预算，将会怎样？另外，如果投资者垄断市场，导致白银供应量不足，又该如何？但他们的焦虑没有持续太长时间。1980 年 3 月，银价急剧下跌，附带影响是道琼斯工业平均指数经历了有史以来的最大跌幅。此次危机过后，包括柯达在内的绝大多数摄影器材生产商均恢复正常运营。

然而，1980 年出任富士胶片株式会社 CEO 的大西实（Minoru Ohnishi）却仍对这次经历深感不安。他察觉到，摄影行业可能即将发生根本性变革。1984 年，索尼公司推出了第一台数码相机"马维卡"（Mavica），使无胶片摄影成为现实。他后来表示："那时我意识到没有胶卷的成像技术是可能的。"他开始争分夺秒地实践自己的设想，为迎接摄影行业的下一轮竞争，斥巨资研发专业数码技术。大西实决心要使公司完成这一转型，《商业周刊》的一名记者对此描述为"一心一意"。同时记者注意到，1999 年以前，富士胶片在数码产品上的研究和技术投资，总计达 20 亿美元。记者在文章中指出，富士公司的员工对这一战略的正确性"神奇地"深信不疑。富士胶片首席科学家兼资深顾问上田博造（Hirozo Ueda）的身上便体现着这种态度，他对记者说："我们不会放弃，我们也不会输掉这场战斗。"到了2003 年，富士胶片在全美连锁店中建立了近 5 000 个小型数码成像冲洗扩印服务点，而柯达却只有不到 100 个。

大西实下定决心，不仅要让富士胶片在数码摄影技术领域占有一席之地，还要将业务拓展到其他行业。公司在他的推动下，建立了新产品的销售渠道，产品包括光学磁带和混合式电子系统，首次打破了美国公司对录像带生产的垄断。后来，经过种种努力，富士公司又在生物科技和办公自动化领域小试身手，还开始生产软盘。同时，大西实对公司的业务流程也进行了创新。日本文化崇尚长期、稳定的工作，大西实却力主精简总部员工的数量，有力地证明了：与其他 40 家日本企业相比，在缩减公司日常管理人员方面，富上胶片的表现十分出色。尽管富士胶片的营销费用率仅为9%（其余公司平均为 16.7%），大西实却依然决定大幅减少工作量，将当时的标准行业做法：从协商达成一致意见，到形成成果文件的时间缩减了一半，使营销费用率降至 7%。

古森重隆（Shigetaka Komori）接替大西实出任富士 CEO 后继续进行公司重组。其间，公司经历了痛苦的转型，许多工厂关闭，员工失业。公司从胶片行业积极获取资源，有报道称，为了投资新产业内的资源，公司削减了约 25 亿美元的开支。如今，富士公司在医疗保健和电子产品领域业绩卓越，其收入的 45% 均来自文档处理软件及办公室打印机。这一切都是在短短数十年间实现的。这几十年间，日本国内工业发展停滞不前、经济萧条，而富士公司却取得了如此突出的成绩。2011 年，富士公司总收入达 250

亿美元，员工达 7.8 万多人，在《财富》杂志公布的世界 500 强名单中位列
377 名——而此时的柯达已经破产。

富士公司的发展史说明，仅有良好的管理、高质量的产品和大众熟知
的品牌，还不足以在日益激烈的全球竞争中保持前列。公司承担的风险巨
大，不仅随时可能失去已有优势，而且要为多变未知的未来赌上一切。然
而，富士坚持投资新的优势领域，并从衰退的领域中撤回资源。最终向世
人证明，面对变革，富士的做法最为有效。当然，并非每次变革都是恰逢
其时、适时而动，有时转型也会引发剧痛，但富士从未囿于自己的过去。

当竞争优势不再持久，岌岌可危之时，企业就需要转变战略。领导者
已采纳许多意见，其中的一些竞争优势可能一度可行，却无法紧跟当下的
战略变化。尽管企业高管已经意识到飞速变化才是常态，但他们还是沿用
数十年前最有效的框架体系和实践经验作为竞争战略。当可持续竞争优势
已成为过去时，管理者则需要一套新的框架体系和实践经验才能取得长远
的胜利。

本书关注的是瞬时竞争优势，而非可持续竞争优势是如何变化的。**书
中阐释了在竞争优势短暂易逝的情况下，企业应采取的新战略逻辑，即在
何处竞争、如何竞争、如何赢得竞争；并讲述了从那些顺势而动、从一个
竞争优势转向另一个竞争优势的企业身上，我们能学到些什么。**

传统假设，企业衰落的根本原因

诸如索尼、移动研究公司（RIM）、百视达（Blockbuster）、电路城（Circuit City），甚至纽约证券交易所等一度颇负盛名的企业与机构，如今要么已经倒闭，要么已好景不再。从可持续竞争优势这一概念来看，他们的衰落是毫无悬念的。**企业衰落的根本原因是其根深蒂固的组织结构和组织系统不适应当今环境：企业专注于既有的竞争优势，将其作为最主要的获利途径；而当今环境瞬息万变，充满未知，要求企业能够挺过风浪，并抓住转瞬即逝的机遇。企业要在当今动荡而不确定的环境下获得一席之地，就要采取不同的策略。**

在涉足战略领域之初，有两个被奉为真理的基本假设。

第一个假设是：行业是重中之重。我们知道，行业中存在着相对持久并稳定的竞争力。只要花些时间和精力对其进行深入了解，就可以总结出一些"持久之计"。制订战略重点需要运用分析方法：假设行业相对稳定，因而投资于分析能力，来预测行业发展趋势，并制订相应战略，如此便可获得可观的收益。那时是制订 5 年计划的时代。这一重要假设就是，现在的我们可以在一定程度上预测 5 年后的发展。

传统的广播电视网模式在美国风靡数十年，有限的无线电频谱和昂贵的无线电设备就意味着，只有少数运营商（此案例中指主要的电视网络）主导着有限的电视频道。由于区域、播放权、收视率等条件

的限制，这种模式存在了多年。对于广告商来说，这就意味着电视台能一直提供非常广阔的大众市场，前景乐观。

而在过去的 30 年中，这种模式被逐步瓦解。有线电视的频道数目增加，将大众市场碎片化；影片租赁行业的出现使得用户可以自由安排观影时间；节目录制以及跳过广告功能深受观众欢迎。近年来，网络的普及使"线上节目"火爆发展，这也为日后的"网络经营模式"奠定了基础。的确，该模式的发展动力并非来自网络运营商之间的竞争，而是来自其他行业的侵蚀。

第二个假设是：竞争优势一旦形成，便是持久的。 如果一个企业在所属领域内取得了坚实的地位，就要合理配置员工和资产，并优化其运作系统，以保持其竞争优势。若要使竞争优势持久，企业就需要慧眼识人，提拔有管理才能、经营有方、既善于节约成本又可以保持企业优势的职员。"战略业务单元"是将资源和人才优化分配至核心业务的管理结构，具有较强的运营效能。而这一假设的关键在于，是否有那么一套竞争优势，可以通过企业优化本身的管理系统和流程，来继续保持这一优势的持久性。

很多实例都可以证明，即使是在今天，既得优势也是能够继续保持的。例如，管理客户的深层关系、制造飞机等精密复杂的设备、开矿、销售食品等日常必需品，一些公司能够充分利用自身的行业优势，在一段时间内保持其竞争优势。但是对于越来越多的领域和行业来说，世界早已变了样，音乐行业、高科技领域、旅游业、通信业、消费电子产品行业、汽车行业甚至教育业，都面临着诸多挑战：优势被快速复制，科技发展更新迭代、日新月异，消费者选择其他替代品、忠诚度难以维系，等等。

竞争战略新逻辑

可持续竞争优势这一假设引发了对"市场稳定"的致命偏见：稳定属常态，变化属非常态。然而我的研究表明，事实恰恰相反：**在高度动态化的竞争环境中，变化并不危险，稳定才是最危险的状态。**

设想一下，关于"市场稳定"的假设催生出各种错误的反射思维，造成企业在现有商业模式的基础上惯性运作并培养竞争力；此外，它也会导致人们因循守旧，遵循自己的思维习惯行事；它还会引起争权夺利，组织僵化，阻碍创新，导致消极被动，而非积极主动地设计下一步战略。然而目前，变革管理仍被视为非常规性的活动，需要特别地关注、训练以及资源配备。在谷歌中搜索"变革管理"一词，就会出现 2 160 万条结果，这意味着引用次数高达 2 160 万。

对平衡与稳定的追求，意味着企业领导者认为，商界中的风起云涌并不会对自身造成任何负面影响。在此，我们以黑莓手机母公司 RIM 为例便可一目了然。

回首在 2007 年 iPhone 手机问世时，RIM 高管们作何反应：时任 RIM 联合 CEO 的吉姆·巴尔斯利（Jim Balsillie）在接受路透社采访时表示，苹果公司发布 iPhone 对 RIM 来说并非重大威胁，只不过是在智能手机市场上又多了一个竞争者而已。5 年之后，RIM 已经岌岌可危，新品发布令人失望至极，用户持续流失，服务一度中断，股东公开抗议，时任领导全部下台。然而 RIM 产品曾在企业用户中颇受欢迎，对他们来说弃用黑莓手机如同断臂之痛。究竟原因何在？长期相对稳定的成功状态弱化了企业寻求新机遇的动力。而在激烈的竞争战中，进取的雄心壮志一旦消退，企业便很难在短时间内东山再起。

此类企业的通病是：管理层通常直到危机四伏时才肯承认问题的存在，但为时已晚。 某大型医疗设备制造商的一名管理者曾在受访时表示："我们已经预见危机，但仍视而不见、充耳不闻，直到事情发展到无法再忽视为止。"直到事情发展至此，领导层才有一丝紧迫感，调集资源，成立团队，只可惜为时已晚。如今，公司战略需要建立在新的假设和实践的基础之上。

竞争场合：竞技场思维，而非行业思维

企业最大的竞争威胁来自行业内竞争，这是我们亟需改变的一大假设。 企业将同一行业内的其他企业视为其主要竞争者，因为他们的产品可以相互取代。这种竞争思维十分危险。越来越多的市场中出现了行业之间相互竞争，甚至是同一行业内不同商业模式之间的竞争，以及乍然出现的新型竞争。这种情况在经历过数字革命洗礼的市场中最为明显，只需看看书店里面积逐渐缩小的 CD 专区就能说明问题，当然，前提是实体书店还存在。实际上，《华尔街日报》的一名记者最近发现，从美国普通家庭消费品的种类中不难发现，

家庭用于购买车辆、服装和服务、娱乐消遣及外出用餐等支出都有所减少，个别产业下降的百分比甚至达到了两位数。那么，哪些支出增加了呢？——电话服务费。自从 2007 年 iPhone 问世以来，电话服务消费已上涨 11%。

这并非意味着那些消费下降的产业不再重要，单纯从行业角度去分析往往不够严谨，难以准确判断目前的状况并作出相应的决策。我们有必要进一步细化分析市场区隔、产品供应和地理位置之间的联系，我将之称为"竞技场"。**"竞技场"的显著特点是：客户和解决方案之间存在某种特殊关系，而并非像传统模式那样，将竞争对手局限于生产类似产品的行业之间。**

借用军事作类比，作战需要在特定的地理位置，使用特殊的武器装备击败目标敌人。同理，商业策略的规划也越来越追求军事化程度的精准。影响商业分类的因素很可能源自特定消费群体的需求，也可能是为满足消费者需求的备选方案。这一点至关重要，因为既有优势的最大威胁往往来自外部因素或不起眼的地方。

这又引发了一个问题：一家企业也许并没有适用于它所涉及的所有竞技场的"万能方案"。因此，**企业必须根据不同的竞技场和竞争者不断调整应对方案。**

以语言培训公司贝立兹（Berlitz）的战略为例，其巴西分公司前任总裁马科斯·贾斯特斯（Marcos Justus）告诉我，巴西大众市场的竞争十分激烈，但高收入客户群体的市场竞争则相对较小。因此，在巴西，贝立兹主要面向高收入客户群体，将企业品牌定位为高端产品是切实可行的。而在美国，中等收入群体居多，品牌定位则更强调其方便性和灵活性。竞技场不同，战略也不同。正是如此，贝立兹才能朝着文化咨询公司方向不断发展。

竞技场原则也表明，创造持久优势的传统理念即将发生改变。事实证明，产品性能、新技术应用以及突破性产品等能创造优势的因素，并没有我们预料的那么持久。相反，企业开始注重利用短暂优势，比如建立良好的客户关系、设计独特的跨行业体验能力等。对于可能涉足的竞技场，他们会着重培养与之相关的能力和技术。此外，企业也会稍稍放宽传统保护和准入壁垒，因为市场竞争会趋向于高度无形和情感因素。

从"竞技场"和"行业"这两个角度来思考战略是截然不同的。行业分析的目标，通常是决定企业自身相较于其竞争对手的相对位置。市场份额越高，对企业越有利。竞争威胁正逐渐向传统的产品宣传、价格和促销活动等方面靠拢。因此在竞争中，企业很容易遭到"突袭"。

20世纪80年代，美林证券的现金管理账户服务进入金融界，但没有任何一家商业银行意识到它的威胁。美林证券提供商业银行所没有的服务，数百万存款在短时间内就流入了美林。谷歌进军移动电话操作系统和线上视频业务，使传统电话行业措手不及；沃尔玛等零售商也在向医疗保健领域拓展；支付方式的商机受到各行业的追捧，如手机运营商、网络信贷供应商、刷卡机制造商以及传统的信用卡和借记卡供应商。

虽然将传统的战略分析比喻成下象棋有点儿过分简化，但却不无道理。每一步走棋都要深思熟虑、步步为营。传统战略分析的目标，是在主要市场中创造强有力的竞争优势，就像下棋时棋手要把对方"将死"一样；而竞技场型的战略则与围棋很相似，棋手取胜的关键在于占领尽可能多的地盘，赢家通过考虑棋子每次的摆放位置来奠定战略性基础，最后占据足够多的地盘而战胜对手。

竞技场型战略更接近编排乐曲，注重的并非全面性胜利。根据竞技场中面临的实际状况，作出相应的举措也就变得愈发重要（见表 1-1）。

表 1-1　　　　　竞争场合：行业思维 vs 竞技场思维

	行业思维	竞技场思维
目标	位置优势	获取地盘
成果衡量	市场份额	潜在机会空间的份额
最大威胁	行业内竞争	行业间竞争；现行模式的崩塌
客户群界定	人口统计特质或地理特质	行为特质
关键驱动力	相对价格、产品功能性、质量	挖掘客户深层需求
可能的收购方式	行业内固定或行业外多样化发展	补强型收购（经常跨行业进行）
比喻	象棋	围棋

竞争方式：瞬时竞争优势，而非可持续竞争优势

你可以把某个竞争优势的发展想象成几个不同的阶段，如图 1-1 所示。

在启动阶段，企业积极把握新机遇，瞄准机会、调配资源、组建团队创造新事物。**启动阶段是最需要出现创新的时候。**

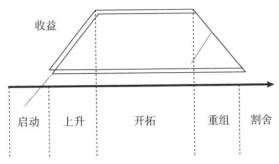

图 1-1　如何竞争：瞬时优势的波动性发展

一旦机遇把握得当，优势就会在短期内呈上升状态：从初期只有少数几个市场区隔，到不断发展壮大，进入越来越多的市场，业务也逐渐步入正轨。进一步扩大企业规模的系统和流程也逐步成型，从试验变成全面引入市场。**在这一阶段，企业发展速度十分关键，如果发展得太慢，竞争者就会很快跟上，抢占市场，破坏该企业独有的竞争优势。**

经过顺利的上升期，企业进入开拓阶段，这一阶段可能会持续很久。其间，企业运营良好，收益可观。在瞬时优势的开拓阶段，企业开始打造其明显不同于竞争者的独特优势，并取得客户的认可、获得收益。在这一阶段，企业的市场份额增多，盈利显著上升，客户群体日益扩大，价格与利润极具诱惑力。与此同时，竞争者也虎视眈眈，准备随时出击。**企业在上升阶段的目标是尽可能延长开拓期，防止走下坡路。**

企业如果要妥善管理开拓阶段，就需要聚焦已经获得竞争差异的少数关键领域。在这些领域中，管理者需要管理自身的竞争动态和对策，并为下一次创新培养、蓄积更强的竞争力，以确保新的优势最终能够融入企业的核心事业中，成为企业正规业务的一部分。与此同时，管理者还要对来自不同领域的威胁与机遇时刻保持警觉。**在瞬时优势的开拓阶段，要防止资金和人力的过度积聚，因为这将阻碍企业新优势的形成**。即使现有优势所得成果尚佳，管理者仍需调动资产和资源，为下一个优势创造发展空间，富士胶片公司就是很好的例证。

在瞬时竞争优势下，企业的现有模式总是面临压力，这就需要进行重组以完成优势更新，其本质是引发新一轮波动性发展。**重组对于企业在瞬时竞争优势下取得成功至关重要，因为只有通过重组，资产、人力和竞争力才能实现优势的转换更新**。在此过程中，企业会将原本处于上升或开拓阶段的团队调去从事其他活动，改变资产或重新部署，重新分配人力资源。在可持续竞争优势的背景下，重组经常被认为是一种消极的做法，但在瞬时竞争优势的世界里，重组是理所当然且适时有益的。事实上，如果企业结构和流程缺乏这种动态的调整，员工也会认为他的发展前景暗淡。

最后，当某种竞争优势消耗殆尽，机遇也随之减少时，割舍就在所难免了。通过割舍，企业将对那些无关紧要的资产和其他资源进行出售、关闭或改作他用。**整个割舍的过程需要快速并妥善处理**。因为耗时良久的割舍过程只会消耗企业资源，而不会改善最终结果。在传统大背景下，割舍重组往往是企业经营失败后的无奈之举，而在瞬时竞争优势的背景下，割舍不能与企业失败划等号。**事实上，割舍应该在企业运转良好时进行，而不应在企业衰败、别无他选时进行。**

很多企业在发展过程中将开拓阶段视为发展重心，而忽视了其他阶段。这个问题很关键，因为不同的流程和技能组合，在这次浪潮的不同阶段发挥的作用也不尽相同。**启动阶段和上升阶段需要创新和实验型人才，他们乐于学习且不惧怕充满变数的未来；开拓阶段需要善于设计有效流程并实现管理系统化的专业人才；割舍阶段则需要善于发现衰落迹象并敢于及时叫停的人。**

在战略家看来，在同一时间的不同阶段多次经历这样的波动性发展，是任何一个复杂组织都要面对的一部分挑战。如何运筹帷幄，日益成为企业管理者面临的关键挑战，这也正是本书的主要内容。

制胜法门：踏上瞬时竞争优势新浪潮

在为本书做研究时，我开始寻找那些能够持续有效地应对竞争优势转换所带来的挑战，甚至在转型过程中实现振兴的企业。

2010 年，我的研究团队对截至 2009 年底市值逾 10 亿美元的 4 793 家上市企业进行了跟踪调查，之后又进一步研究了其中连续 5 年（2004—2009年）收益或净收入增长达 5% 以上的企业。在此需要强调的是，我们关注的不是总收益或复合年均增长率，而是每年的稳定增长。之所以选择 5% 的增长率，是因为在这段时期，全球 GDP 增长率徘徊在 4% 左右。我们认为，

真正有实力的企业应该能超出这个水平。调查结果有些出乎意料：只有 8%
的企业能够突破 5% 的年收益增长率，而仅有 4% 的企业迈过净收入的门槛。

我们反思了一下："或许我们设定的标准有些偏颇，毕竟 2008 年金融危
机导致以往经营良好的企业倍受打击，未能达到我们的调查标准。"因此，
我们重新做了调查，将时间范围调整为 2000—2004 年。结果，虽然收入增
长超过 5% 的企业数量有所增加，但仍为数不多：年收入和净收入增长均超
过 5% 的企业比例分别为 15% 和 7%。此次调查关注的重点是收入持续增长
且远超平均水平的企业。于是，我们将时间跨度扩展为 10 年，调查 2000—
2009 年实现收入稳定增长的企业数量。调查结果显示，共有 10 家企业达到
标准。

这些企业包括：美国高知特信息技术公司（CTSH）、印度 HDFC 银行、
美国辉盛研究系统公司（FactSet）、西班牙 ACS 建筑集团、斯洛文尼亚科
尔卡化学与制药公司（Krka）、印度印孚瑟斯信息技术有限公司（Infosys）、
中国青岛啤酒、雅虎日本（Yahoo! Japan）、美国埃特莫斯能源公司（Atmos
Energy）以及西班牙英德拉公司（Indra Sistema）。我把这些仅占总数 0.25%
的公司称作"超凡增长企业"（growth outliers），因为它们即使面对巨变和
未知也表现得相当不俗（见表 1-2）。

根据《胡佛商业研究》（*Hoover's Business Research*）的资料，我首先将
入选企业与各自的三大竞争对手进行横向比较，然后再在入选企业之间进
行纵向比较，以探究其成功的原因。得出的结论为：**入选企业会从长远目**

标出发，就自己的发展方向制订战略，同时能清楚地认识到，今时今日之
战略并非明日增长之保障。有趣的是，他们已经探索出整合内部稳定性与
激活外部灵活性并行的发展方式，并付诸实践，这在商业模式上可见一斑。
随着本书的不断深入，我们可以从那些灵活应对新环境的企业身上受益良
多。他们致力于探索基于竞技场思维的新战略手册，并充分发挥瞬时竞争
优势，而非可持续竞争优势。

表 1-2　　　　如何成为赢家：超凡增长企业的发展之路

超凡增长企业	国家	概况
高知特信息技术公司	美国	成立于 1994 年，前身为邓白氏（D & B）旗下的技术服务部门。两年后自立门户，最初主营程序维护业务。据该公司官网介绍，他们最初是"低价人才的策略来源"
HDFC 银行	印度	成立于 1994 年，目标是成为世界级的印度私营银行
辉盛研究系统公司	美国	成立于 1978 年，为分析师和各大公司（不包括个人投资者）提供金融信息分析报告。起初为公司提供简短报告，但只传送给几家重要客户，称为"公司实况"
ACS 建筑集团	西班牙	西班牙建设服务提供商，由多家经营困难的独立公司合并而成
科尔卡化学与制药公司	斯洛文尼亚	斯洛文尼亚制药公司，成立于 1954 年，现已将市场从斯洛文尼亚本土拓展到了周边地区
印孚瑟斯信息技术有限公司	印度	1981 年由 6 位工程师共同创建而成，创建之初只有一个客户
青岛啤酒	中国	1903 年由德国商人和英国商人合资，在中国青岛创建的日耳曼啤酒公司青岛股份公司
雅虎日本	日本	独立上市公司，1996 年由美国雅虎和日本软银公司合办的门户网站

续前表

超凡增长企业	国家	概况
埃特莫斯能源公司	美国	美国最大的天然气供应商，既有正规天然气输送部门，也有非管制附属机构——埃特莫斯能源服务部
英德拉公司	西班牙	多元化全球技术公司，业务范围涉及交通运输、能源、工业、行政管理、医疗保健、金融服务安全与国防、通信以及媒体等多个领域

新战略手册

竞争优势的终结，意味着我们曾经信奉的企业运营观念存在很大缺陷。本书以下部分将探讨这一结论对企业领导者乃至世界产生的影响（见表1-3）。新战略手册中的一些内容已为人们所熟知，例如必须追求创新（尽管一些企业仍努力在实践中正确践行这一点），但手册的其他要点很少在战略讨论中得到重视，例如，我将在下文谈及持续重组和放弃优势等问题，并探讨新型战略手册普遍面临的挑战。

第 2 章探讨的是企业应如何掌握跨行业经营的能力，而并非仅着眼于维持现有的竞争优势。具备此能力的企业，既能保持较高的稳定性，又能充满活力。企业不断转换新的优势是常态，并非特殊现象，而且仅依赖于既有优势是十分危险的。识时务者为俊杰，失败乃成功之母。最重要的是，企业在跨行业经营时会遵循自身的生命周期。在现今的商界中，缩小企业规模或进行重组十分常见，而放弃优势有其固定的规律，并非随性而动。

表 1-3　　　　　　　　　　　新战略手册

	过去	现在
持续重组 （第2章）	大幅缩小公司规模或进行重组	持续的变化
	重视开发阶段	重视整体过程
	稳定性与活力不能共存	稳定性与活力共存
	狭隘定义职位及角色	人才配置具有流动性
	固定的目标，单一模式的决策体系	固定的目标，多元的决策体系
良性割舍 （第3章）	死守优势	经常性、系统化、正式地放弃优势
	将退出视为下下策	强调从退出中吸取经验
	退出难以预料，充满戏剧性	退出以稳定的节奏进行
资源配置 （第4章）	资源被限制在业务部门	集中管理主要资源
	将机会强加于现有结构体系	根据机会制订经营策略
	试图无限延长资产的使用寿命	积极有效地淘汰陈旧资产
	终点价值	资产负债
	资本预算思维	实物期权思维
	依赖投资的战略行动	强调节俭
	所有权是关键	使用权是关键
	独自经营	充分利用外部资源
培养创新 能力 （第5章）	创新是阶段性的	创新是持久、系统的过程
	采用相同模式进行管理与预算	创新管理和预算通常与商业流程分开
	资源主要用于开发	建议一套平衡的行动方案，以支持核心业务，建立新平台并选择投资目标
	员工在本职工作以外兼职创新	投入创新活动的人才资源

续前表

	过去	现在
	验证假设失败；获取的知识相对较少	不断验证假设；学习能影响重大商业决策
	避免失败，避而不谈	鼓励智慧型失败
	计划导向	实验导向
	从公司产品出发，以创新拓展新领域	从客户出发，以创新满足客户的需求
领导力和思维模式（第6章）	假设现有优势会继续保持	假设现有优势会面临压力
	讨论时强调现有观点	讨论时直面问题
	由少数同类参与者制订决策	由各不相同的参与者制订决策，集思广益
	精准但缓慢	迅速而正确
	重视预测	重视发现
	重视净现值	重视选择
	寻求证实	寻求反证
	人才用于解决问题	人才用于确认把握时机
	延长轨迹	推动持续转变
	接受失败	快速重振旗鼓
个人影响（第7章）	注重分析型战略	注重快速执行
	组织系统	个人能力
	稳定的职业生涯	零散短时工作
	层级与团队	个人的卓越成就
	间歇性求职	永久推进的职业生涯
	职业生涯由组织管理	职业生涯由个人管理

哥伦比亚大学高端培训课上，印孚瑟斯公司高级战略副总裁桑杰·普罗海特（Sanjay Purohit）作为受邀发言人在讲话中称，公司每2~3年就会重组一次。通过重组，打破公司因时间推移而囤积的惯性

和复杂性，并实施通过战略性人才资源管理，将不能为公司项目和活动增值的人员不断调配出去。印孚瑟斯公司对客户的选择极其讲究原则，对于那些无法为公司带来新价值来源的客户，公司拒绝为他们服务。有人可能会质疑公司频繁重组会造成组织混乱和成本增加，对此，桑杰回答道："与公司重组所释放的潜能相比，付出的成本根本不值得一提。我们先勾画出未来的发展新道路再对公司进行重组，然后一一实现道路上的目标。"

可持续竞争优势和灵活战略两种设想的最大区别在于：放弃优势，即在机会枯竭时果断放弃。这一点同创新、发展和开拓并重，都是商业活动的核心。 对一些特定领域要定期评估是否需要放弃优势，而不是死守优势，以失败告终。应注意的是，对早期出现的蛛丝马迹不能置之不理。实际上，放弃优势是腾出宝贵的资源并重新利用，而非大势已去的象征。第 3 章将对这一话题进行探讨。

关于企业如何放弃优势这个问题，我曾询问过雅虎日本的投资者关系部主管渡边真纪子（Makiko Hamabe）。她表示，放弃优势之所以可行，一部分原因是因为相关数据公开透明，包括用户使用某项服务的情况以及该服务所得利润如何。她解释道，所有企业主管都知道通过数据观察哪些业务可以盈利，哪些无利可图，同时还能了解在业务中何时与主要客户发生了冲突。到那时，所有人对放弃优势的决定都能充分理解并欣然接受，然后转向其他机会寻求发展。

第 4 章讲述在瞬时优势盛行的世界，如何管理资产和组织架构所产生的结果存在巨大的差异。拥有资产使用权而非所有权，将是一大主题。在多数情况下，灵活可变和用途多样的资产比那些固定的专用资产更具吸引力。如果个别领导者固守既有优势的时间过长，企业就会意识到其危险性，从而采取措施避免其霸占资源，这一做法将越来越多地受到广泛认可。

> 可能有人以为，大型项目的建设和管理会遵循硬性的层级模式，但西班牙 ACS 建筑集团 CEO 弗洛伦蒂诺·佩雷斯（Florentino Pérez）却主张："建筑集团已经进入了与承包商文化相同的许多领域……包括服务业、基础设施建设、土地租让，以及近年来新兴的能源行业。"据佩雷斯所述，ACS 建筑集团在多个产业重组中发挥着举足轻重的作用，同时丰富了行业种类、扩大了发展地区范围，也为行业发展注入新的活力。

第 5 章指出，在这个瞬时优势的时代，创新应该是一个持续的过程，在企业中占据核心地位且需精心管理，而不是像现在许多企业那样间歇性、试验性地进行创新。用允许冒险的、失败的实验导向型发展模式，来管理每个创新阶段和创新者的职业生涯规划的流程，都是可能的发展方向。

> HDFC 银行是印度一家发展十分迅速的银行，强调公司应该把创新系统化，并将创新提上领导层议程。HDFC 银行时任 CEO 阿迪蒂亚·普里（Aditya Puri）说："我们从三个层面规划银行的发

展：第一是银行当下的情况；第二是从当前的情况看，5 年后可能会发展壮大的业务；第三是在金字塔底端，5 年后可能会发展壮大的业务。"

在动荡的市场环境中，竞争会影响领导者决定企业业务的思维，这一点将在第 6 章讲到。随着竞争速度加快，作决策的速度越来越快，"基本正确"即可，这很有可能代替之前精准但缓慢的决策过程。相比预测和决定的正确性，先迅速行动，然后不断修正变得愈发重要。现在大多数企业遵循的决策过程是，收集能够证明其决策正确的信息。**而在瞬时优势的环境里，最具价值的信息往往是反面信息，这类信息更能突显错误决策可能导致的最大风险。**

在那些超凡增长企业的发展过程中，领导者一向行事冷静坚定、坦诚直率，这听上去似乎带有传奇色彩。比如高知特信息技术公司 CEO 弗朗西斯科·德苏扎（Francisco D'Souza），用前 CEO 莱克什米·纳拉亚南（Lakshmi Narayanan）的话讲：

德苏扎在审查计划时，从不会有一丝懈怠。在他看来，所有的建议、结论、结论背后的推理、支撑推理的数据以及数据的来源都需要质疑。赶上他诸事不顺的时候，连资料搜集的方式和动机都会受到质疑。于是，每个人都必须客观冷静地思考并寻找备选方案。

HDFC 银行的阿迪蒂亚也采取相似的方法："我常对员工说，见 CEO 就像看牙医，会很痛苦。不过，你将得到很大激励，因为我的工作就是告诉你什么办法行之有效，什么办法全无作用。"

第 7 章将探讨以上所述对个人发展的意义，无论你是企业的领导者、员工、客户，还是旁观者。我们开始看到，世界被划分为两大阵营。对于不具备特殊或重要技能的人来说，竞争优势的终结意味着他们必须忍痛降低对职业的期待。当企业为了提高灵活度而坚决果断地削减固定成本时，这些人最有可能受到影响。而对于具备特殊、重要或亟需技能的人来说，却可能获益颇丰。本书最后一章将讨论，面对瞬时优势，你应如何制订个人的职业发展战略。

在进行深入探讨之前，你或许想要评估一下自己的企业战略。你的企业是否仍受限于陈旧的竞争优势？是否仍基于一些落后的假设与他人竞争？本章末尾的评估表将给出评估方法，以供大家学习其他企业在面对挑战时的应对方法。

THE END OF COMPETITIVE ADVANTAGE　瞬时竞争实践

你的公司是否受限于落后的竞争优势

再优秀的企业也会陷入落后优势的误区，直到局势变化才恍然大悟。表 1-4 中的评估方法可以帮你找到潜在的弱点，并就如何作出相

应改变提供建议。就表中两种表述，对企业现有工作模式进行简单定

位。表格左边的内容需要仔细阅读。

表 1-4		企业现状评估表
专注于扩展现有优势	**等级**	**能够应对瞬时优势**
预算、人力等资源大部分由领导掌控	1 2 3 4 5 6 7	重要资源由经管公司的独立团队掌握
倾向于尽可能地扩展现有优势	1 2 3 4 5 6 7	倾向于尽早走出现有优势，以便转移至新的优势
不具备割舍业务的系统性程序	1 2 3 4 5 6 7	具备割舍业务的系统性程序
业务割舍十分痛苦，极为艰难	1 2 3 4 5 6 7	割舍业务是商业周期的正常步骤
甚至在不确定的情境下，也会极力避免失败	1 2 3 4 5 6 7	失败不可避免，努力从中吸取教训
每隔一年或一年以上才做一次预算	1 2 3 4 5 6 7	持续定期地做预算，频率很高，比如每季度一次
计划一旦确定，通常持续不变	1 2 3 4 5 6 7	习惯于随着信息增加而更改计划
在资产利用方式方面，看重最优化	1 2 3 4 5 6 7	在资产利用方式方面，看重灵活性
创新是间断性的过程	1 2 3 4 5 6 7	创新是系统性、核心的过程

续前表

专注于扩展现有优势	等级	能够应对瞬时优势
很难从成功的业务中抽出资源,用于开拓不确定的商业机会	1 2 3 4 5 6 7	从成功的业务中抽出资源,用于开拓不确定的商业机会,这是常态
最优秀的人才大部分时间都在解决问题和应对危机	1 2 3 4 5 6 7	最优秀的人才大部分时间都在探索公司发展的新机会
尽可能地保持组织结构相对稳定,新思想要适应现有结构	1 2 3 4 5 6 7	新机会到来,需要新的组织机构时,便进行重组
比起试验,我们更认可分析	1 2 3 4 5 6 7	比起分析,我们更认可试验
面对高层领导,坦诚工作失误并不容易	1 2 3 4 5 6 7	面对高层领导,坦诚工作失误十分正常

"

THE
END OF
COMPETITIVE
ADVANTAGE

02
持续重组，在稳定与
敏捷之间寻求平衡

超凡增长企业将行业变革视为发展契机，以此告别旧的业务，进入新的高增长领域。当出现竞争优势衰退的早期征兆时，企业该怎么做？如何对企业进行重组改造，以便在割舍原有优势的同时，把资源转移到另一优势？

与竞争对手相比，超凡增长企业都怀有做世界一流企业的雄心，并在任何情况下都有明确的战略方向。他们的运营速度较快，能够更好地应对环境的变化，更早地洞悉变革需求，更早地适应变化。他们似乎也克服了有效变革中的一个主要障碍，即管理者受恐惧和事业风险的影响，宁愿死守已经衰退的事业，也不向其他优势行业转移。

THE END OF COMPETITIVE ADVANTAGE

重组是保持瞬时优势的秘诀。正是通过重组，公司的资产、人员、职能完成了从一种优势到另一种优势的转变（表 2-1）。这与传统战略的思维方式存在较大差异，因此，我以此为出发点展开后面的探讨。懂得这一点的企业均善于随机应变。这类企业不会大规模裁员或进行结构重组，员工也不会长时间固守同一个工作岗位。企业在其发展道路上从不犹疑，相反，在这种思维模式下，企业会持续对当前活动进行重估，用新的方式代替可被淘汰的方法。

表 2-1　　　　　　　　新战略手册：持续重组

过去	现在
大规模裁员、结构重组	持续转型、改变
强调各个领域中的牟利阶段	同等重视竞争周期内的所有阶段
稳定与灵活不能兼顾	稳定与灵活可以兼得
工作定位狭隘，员工角色单一	人才配置流动性强
前景稳定，执行方式单一	前景稳定，执行方式多样

持续转型，而非大规模裁员或结构重组

在瞬时优势的环境中游刃有余的企业，能够持续从旧的优势中抽出资源，支持新优势的发展。例如，印孚瑟斯信息技术有限公司将人才从依赖印度低劳动力成本的商业模式中抽离出来，转而投入新的商业模式，公司提供独立软件测试、建立企业应用系统等服务。美国福特汽车公司时任CEO 艾伦·穆拉利（Alan Mullally）宣称，福特将停止生产其标志性品牌水星牌汽车（Mercury，该品牌汽车于 1978 年创下 58 万台的历史最高销售纪录，2009 年下降至 9.2 万台），将腾出的资源投入到公司旗下的林肯牌汽车（Lincoln）以及其他品牌汽车的生产中。通信巨头威瑞森通信公司（Verizon）也将资源从利润较高但发展缓慢的领域，例如电话簿和固定电话，投向光纤服务和无线连接领域。

私营纺织品企业美利肯公司（Milliken & Company）就是个令人振奋的例子，该公司成功地战胜了几乎毁灭整个纺织品产业的竞争力量。有一次我在哥伦比亚大学讲学，第一次从一位学员口中了解到这家公司。这位学员谈起该公司当时的 CEO 罗杰·美利肯（Roger Milliken）先生的时候，脸上热情洋溢，如同谈到偶像或是摇滚明星一般。后来，在我对美利肯公司进行研究之后才明白，这位企业领导者为什么能激起员工如此大的热情。全球化竞争使得几乎整个纺织品产业都转移到了亚洲。作为受害者，美利肯的传统竞争对手全部消失，到 1991 年，美国 58% 的零售纺织品和衣物均依靠进口。最初，美利肯公司 CEO 罗杰·美利肯开展激进的公关和游说活

动，发动了颇有影响力的"为美国制造而骄傲"（Crafted with Pride in the USA）运动，努力阻止进口大潮。但他最终明白，公司的未来如何，还是要靠业务重组。从 1958 年建立第一个研究中心开始，美利肯公司在创新的道路上走过了很长一段时间。公司的管理实践方法十分新颖，常因其前沿思想而饱受嘉奖。

美利肯果断地割舍了旧领域，投入前景更为可观的新领域。他们最终撤掉大部分传统的纺织生产线，而这并非偶然之举。20 世纪八九十年代，国外竞争对手对美国市场发动攻势，此时美利肯开始以稳定的速度关闭工厂。尽管公司努力使工厂更加现代化、更具竞争力，但还是可以看出，公司正在逐步退出那些领域：美利肯在 20 世纪 80 年代关闭了 7 家工厂，90 年代又关闭了几家，2003 年关闭 2 家，2008 年又关闭 1 家，2009 年将其汽车织物业务部门出售。可以看出，美利肯尽其所能地重新安置那些受到波及的员工。同时，美利肯还投资拓展海外事业、研发新技术、开拓新市场，进军力所能及的新领域。2012 年 1 月，《华尔街日报》刊出一篇对美利肯公司的报道："美利肯制造的布料可以增强胶带的黏性，制造的添加剂可以清理冰箱保鲜盒、洗净孩子身上画笔的颜色，制造的产品能使床垫抗燃、使厨房台面抗菌、使风车更轻、使战斗装备的防御性能更好。"

图 2-1 直观地展现了美利肯的重组之路。同时，美利肯对能够持续保有传奇般的企业文化、注重培训及内部发展、员工高敬业度引以为豪，并对

公司取得的成就深以为傲。如果美利肯能够从纺织业成功转型到高科技产业，则其他面临衰退的公司也可以从中看到希望。

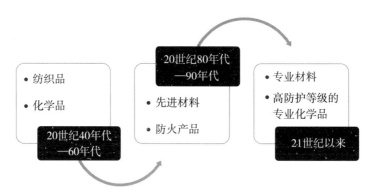

图 2-1　美利肯的重组之路

摆脱竞争优势的陷阱

Netflix 公司 CEO 里德·黑斯廷斯（Reed Hastings）对公司进行重组却惹怒了消费者，进而饱受商业媒体的嘲讽。首先，2010 年夏，Netflix 大幅提升价格，以获得足够的资金，购买更多的播放内容，同时也为了在日益数字化的今天补贴 DVD 的邮寄成本。然而这一举措很快便激起民愤，许多用户退订服务。此后，Netflix 的另一项决策又导致 50 多万用户流失：Netflix 将流媒体和 DVD 业务分给两家独立的公司运营，新的流媒体业务沿用 Netflix 的名称，DVD 业务则更名为快斯特（Qwickster），拥有单独的网站、自主的公司结构和独立的管理层。这一决策彻底激怒了用户，在一次周末非现场会议中哈斯廷斯开玩笑地说，他可能需要找人帮他试吃餐点，以免遭人下毒。很快，Netflix 便放弃推出快斯特业务。

虽然 Netflix 在作出决策时，处理方法及沟通方式有许多不足之处，但这一案例仍然说明了企业在竞争优势转变时所面临的根本困境：

◆ 出现竞争优势衰退的早期征兆时，企业该怎么做？

◆ 如何对企业进行重组改造，在割舍原有优势的同时，把资源转移到另一优势？

在 Netflix 的案例中，黑斯廷斯确信，不管用户使用什么设备观看播放内容，流媒体都将是首选方式。由此推论，DVD 业务不会是 Netflix 未来营运的核心。如果你也这样认为，那么你就会觉得将流媒体和 DVD 这两个业务分开十分合理：Netflix 领导层的任务是使企业快速发展，获取数字内容；快斯特领导层的任务则是尽力使公司盈利的时间延长，从中获得最大效益。这两个分公司的活动看似南辕北辙，但是从企业的角度来看，将二者分开十分合理。

但问题来了，从消费者的角度来看，这一转变简直令人怒火冲天。用户已经习惯把"下次观赏"的电影与其他内容放在同一个清单中，想到以后如果要获得两种格式的影片，还要重新操作一遍，这实在令人不快。而且，DVD 的电影要比流媒体丰富得多，用户要找到想看的影片，需要在两个地方进行搜索，这令他们愈发不满。此外，内容提供商担心 Netflix 会对昂贵的有线电视订阅服务产生不利影响，也不希望 Netflix 的流媒体服务跟他们的有线网络竞争。

"胜负还需持目以待"。虽然我认为从长远来看，减少对 DVD 业务的依赖非常合理，但 Netflix 的行动过于冒进。尽管有人对 Netflix 从 DVD 向流媒体转型的举措抱有微词，但 Netflix 仍然在其他方面巧妙地实现了这一业务转变。例如，减少对电影的依赖，开始提供电视节目，甚至还做原创节目。在第 3 章中，我们将探讨 Netflix 如何从容地完成了 DVD 业务的割舍。

高速发展的超凡增长企业

一些企业似乎能从容不迫地进行商业模式的转型，例如第 1 章中提到的那些高速发展的超凡增长企业。1999—2009 年这 10 年间，市场、经济、行业都发生了巨大的动荡，仅有 10 家企业经受住考验，从近 5 000 家企业中脱颖而出，仍然维持稳定的增长（见表 2-2）。这项研究得出的一大结论是：**超凡增长企业已经找到维护内部稳定性与提高外部敏捷性的方法，并加以实施，尤其是在商业模式方面**。下面，我们一起来看这些擅长转换优势的超凡增长企业，是如何将稳定性和灵活性结合起来的。

表 2-2　　　　　　10 家高速发展的超凡增长企业

发展迅速的超凡增长企业	行业	总部所在地	成立时间	市值（2009年底）（百万美元）	员工数量（2009年）
印孚瑟斯	IT 咨询和其他服务	印度	1981	31 894	113 800
雅虎日本	网络软件和服务	日本	1996	20 334	4 882

续前表

发展迅速的超凡增长企业	行业	总部所在地	成立时间	市值（2009年底）（百万美元）	员工数量（2009年）
HDFC 银行	多元化银行	印度	1994	16 554	51 888
ACS 建筑集团	建筑及工程	西班牙	1983	15 525	142 176
高知特信息技术公司	IT 咨询及其他服务	美国	1994	13 312	78 400
青岛啤酒	酿造业	中国	1903	7 214	33 839
英德拉公司	IT 咨询及其他服务	西班牙	1921	3 666	26 175
科尔卡化学与制药公司	药业	斯洛文尼亚	1954	3 186	7 975
辉盛研究系统公司	应用软件	美国	1978	3 009	4 116
埃特莫斯能源公司	天然气	美国	1906	2 614	4 913

稳定性的来源

当今环境瞬息万变，人们在面对极其不确定的情形时往往会不知所措。这些超凡增长企业已经打造出良好的社会架构，减少了员工将面对的改变和不确定因素。事实上，我也曾经与一些普通企业合作过，和这些企业的员工相比，超凡增长企业的员工很少担心组织角色和架构的问题。

宏大目标

这些超凡增长企业有一个共同点：**他们都怀有做世界一流企业的野心，无论遇到任何情况都有明确的战略方向。**这一点从分析师和外部观察家对他们的评价中便可看出，外界对他们的描述空前一致："管理完善""业务最优"和"业界标杆"。**与竞争对手相比，超凡增长企业的领导者持有更宏大的目标、更高的标准。**他们着重推动的主题也有共同之处，这些主题都是从令人信服的战略分析中得到的结果。比如在印孚瑟斯公司，领导层谈论的是印孚瑟斯 1.0（侧重劳动套利），印孚瑟斯 2.0（拓展全球服务），现在又出现印孚瑟斯 3.0。

HDFC 银行在创立之初的目标便十分明确：成为真正全球化的印度银行，并在各方面都达到最佳标准。正如其官方网站上描述的："HDFC 银行自 1995 年创立以来，一直抱有一个简单的目标：成为世界一流的印度银行。我们认识到，只有专注于产品质量和优质服务，才能达到这一目标。"在印孚瑟斯，创始团队决心打造一个透明的、受全球认可的现代印度公司。2009 年，公司 CEO 跻身"管理思想界的奥斯卡"——Thinkers 50 排行榜，成为全球最具影响力 50 大商业思想家之一。高知特在创办初期便把"天生国际化"（born global）的宏大发展目标作为公司战略之一。科尔卡化学制药公司的大本营设在东欧，但野心勃勃地不断对外扩展业务，投资合作已遍布全球（与中国等国家都有合作，以提升扩展能力）。埃特莫斯能源公司的目标是，受监管的天然气生产业务要达到世界一流的效率；未受监管的部分保持稳定增长。西班牙 ACS 建筑集团自豪地表示，自己可以"为全球各种基础设施和服务提供推广、开发、建设和管理方面的经验借鉴"。

毫无疑问，在这些企业的网站上随处可见他们获得的奖励和肯定。HDFC 银行专门设立了一个奖项专栏，仅 2010 年获得的奖项便达 34 个之多。这暗示着一种微妙的象征意义：没有任何领导层愿意自己的企业在一年内不获任何奖项。印孚瑟斯公司经常位列各大排行榜前列，比如《财富》杂志的"全球十佳企业领导者"。辉盛研究系统公司曾被《财富》杂志列为全球 100 个最适合员工工作的公司之一；此外，《商业周刊》也提名它为开启职业生涯的最佳去处，等等。2007 年，英德拉系统有限公司摘取了《计算机世界》（Computerworld）最佳服务企业奖；在斩获一系列"最可持续发展"的奖项之后，2010 年又获得全球"最具商业道德的公司"称号。科尔卡化学与制药公司自豪地表示，他们的产品已赢得"金奥蒂斯最佳信任奖"（Golden Otis Award of Trust），获得这个奖项的都是消费者信任的品牌。这里的重点在于，这些企业的战略都基于一个令人信服的野心，为员工提供目标，指明方向。

研究发现，宏大目标对于企业的长期重组意义重大。其他观察者的观点与此一致，他们认为，**宏大的目标至关重要，它可以避免企业过度自负、**

安于以往的竞争优势。例如，在诺基亚全盛时期长期担任高管、现任顾问兼教授米科·科索宁（Mikko Kosonen）表示，**业务拓展、灵活多变、涉及面广，这三点是避免公司陷入困境的关键**。正如他在一次访谈中与我谈到，"宏大又相互矛盾的目标十分重要"，避免公司陷入自满情绪的机制也很重要，比如进行人员调动，使员工从不同的角度、以不同的方式看待公司业务。

身份认同感与企业文化

稳定性的第二个来源，是这些企业为打造共同的身份认同感、企业文化，以及提高领导力所做的投资。他们极其重视价值观、企业文化和战略修正，还会投资各种各样的培训。

一篇工商管理硕士论文分析了 HDFC 银行的企业文化。分析者发现，员工普遍对公司的组织效率、员工参与度和互帮互助的企业文化等价值观给予了高度评价。辉盛公司通过官网宣传其企业文化，吸引潜在员工进入公司。西班牙 ACS 建筑集团董事长在最近的年度报告中强调，"聘用并留住最优秀的人才"是公司的四大战略之一。1997 年，埃特莫斯能源公司时任总裁鲍勃·贝斯特（Bob Best）决定，将培养企业文化及共同价值观打造为公司的独特之处。他表示："我认为，企业文化是一切成功的基础。为企业文化奠定一个良好的基础，企业就能顺应变化，该变则变。公司若要长期稳健地发展，这一环节就非常重要。"

持续投资人才培养

企业能从一种优势转换到另一种优势的另外一个因素是，企业有意识地去培养员工、提高他们的技能。印度软件巨头印孚瑟斯公司时任 CEO 克里斯·戈帕拉克里什南（Kris Gopalakrishnan）表示，公司非常注重员工培训。我问他，公司如何使员工实现优势转化，他答道："我们招募人才时看重的是学习力，有意识地挑选有学习新事物能力的人。"如他所言，在任何给定的时间里，印孚瑟斯公司对员工投入工作的时间部署都保持在 80% 左右，这是件好事，因为这是公司盈利的方式。而剩余 20% 的时间并未部署工作，公司可以对其进行教育和培训，提高他们的技能，使他们具备进行优势转换的潜能。印孚瑟斯教育中心声名远扬，该中心投资 1.2 亿美元，能同时对 1.35 万人进行培训。

精明的企业认识到，持续对人才进行培训与培养，可以避免在竞争条件转变时出现裁员，因此，企业在运用人才的同时，也投资于人才培训。

以瑞易通商务咨询有限公司（CLS Communication）为例，这个语言服务机构的总部设在瑞士，最初是瑞士银行和苏黎世金融服务公司（Zurich Financial Services）内部的翻译部门。在 1997 年独立出来之后，其写作、编辑和翻译等核心业务所使用的技术经历了巨大变化，但即便如此，公司一直保持着高速发展。我请教 CEO 多丽丝·艾比斯（Doris Albisser）如何处理商业模式和技术转移中的人力问题。她强调说，要不断对员工进行培训，并且随着需求的改变，在公司内部对员工进行调动。此外，引进新技术也需要进行培训，比如机器翻译与文本数据库，最初，员工非常抵触这种新方法，直到一位资深译者对其他译者进行培训之后，公司的情况才有了突破性进展。

重点是，当企业意识到竞争优势的转变不可避免时，培训员工，使他们具备转变优势的能力，从而成为企业的运营成本。与维持公司照明、电脑正常运转所投入的成本一样，人才培养这项成本的投入也至关重要。对员工的能力进行投资，能够清除阻碍企业改变的巨大障碍，也将重心从单纯的人力运用转移到对转变能力的培养。

稳定的战略与领导力

研究期间我们发现，高速发展的超凡增长企业采取的战略极为稳定。当今世界动荡不安，先后反生了许多大事，互联网泡沫破灭、"9·11"事件、全球房地产泡沫、信贷泡沫、欧元启用、伊拉克战争、阿富汗战争、电子商务迅速崛起、2008 年经济大萧条。外界环境如此混乱，然而这些企业似乎并没有受到这些"大事"的冲击。这些企业领导者在受访时，都多次提及树立简明的战略重点、塑造企业文化、培养人才的重要性，以及善用核心能力的重要性。即使面临巨大变革，CEO 和管理团队依旧有能力维持企业稳定。

2001 年，青岛啤酒雄心壮志的董事长突然离世，接任的几代领导者却依然坚持他的国际市场推广战略。1983 年，在西班牙建筑集团

ACS 创立时，CEO 表示，要将公司打造成全西班牙盈利最多的上市建筑公司。如今这一战略仍在执行，公司宣布，自己的目标是成为"土木工程和工业工程"方面的引领者。埃特莫斯能源公司前 CEO 在 1997 年提出一项战略：发挥规范业务的效率，推动不受规范业务的发展。至今这一战略仍在执行。辉盛公司自成立以来，尽管业内基本技术已大幅改变，重要客户的信息量暴增，但其战略却从未改变。

企业的高层领导团队大多是稳定的。在我们研究的 10 家超凡增长企业中，现任最高层的管理者都是从企业内部晋升的，没有空降人员，也没有来自行业以外的救星。有趣的是，多年来其他研究人员的研究成果与我们一致，即最高层的领导者普遍比较低调。尽管他们受人尊敬，贡献卓越，在媒体上也有些许知名度，但大多数高层领导者并不是高调的公众人物。ACS 建筑集团 CEO 是个例外，他高调地买下皇家马德里足球队，并高价签约国际顶级球员。我有幸见过的其他 5 位 CEO 都相当低调、谦和有礼，谈话时注重聆听对方的意见。

稳定的合作关系

值得一提的是，超凡增长企业与客户及合作伙伴之间的关系往往也非常稳定。辉盛公司宣称，在过去的 10 年里，其客户保持率达 95%，其官网显示员工留任率为 90%。据分析人士观察，印孚瑟斯和高知特资讯技术公司的客户保持率都相当高。印孚瑟斯在接受我们的采访时表示，其客户保持率为 95%；高知特称客户满意度也达到了 90%。西班牙英德拉系统公司在年度报告中表示，"英德拉将供应商和研究机构视为创造价值的伙伴和共同创新的盟友。这是我们的重要责任"。这一点也印证了我们观察的结果：**超凡增长企业几乎不会出现战略巨变**。其实，这类企业以一种渐进的方式进行战略改变，根据客户的改变不断调整战略，使客户利益与自身利益达到双赢，而非相互争斗。

其他企业也开始意识到维持关系的重要性。有趣的是，他们非常关注那些严重衰退的优势所涉及的人力，并有意识地管理这一过程。荷兰威科集团（Wolters Kluwer）从传统出版公司向数字化媒体公司转型时，CEO南希·麦金斯特里（Nancy McKinstry）不得不面对这一问题。她强调重新将人力从一个市场调配到另一个市场，并对员工进行再培训是公司保持灵活性、留住员工的关键。

当然，总是重新调配、培训员工是不可能的，也必须采取裁员手段。而最优秀的企业能够妥善处理这类事务，即使是那些被解雇的员工也仍然与企业保持着良好的关系。

实际上，位于英国剑桥的思佳咨询公司（Sagentia）是一家以瞬时优势为核心的单一经营公司，该公司已将流动性、变革、商业模式转型融入其企业文化中。不过，即便是这样的公司也需要阶段性裁员。我曾与该公司的某位高层领导探讨此事，他表示，公司要尽一切努力确保人事决策公平透明。我又问道："现在这些员工的境况如何？"他说："他们有些成立了自己的咨询公司，有些在我们曾提供咨询服务的公司担任高管……重要的是他们都找到了很好的归宿。我个人也和他们保持着联系。"

所以，即使是这些接受变化并处理得当的企业，其业务上也存在着极其稳定的因素。如今，在竞争如此激烈的市场中，这些企业又是如何维持这种必须的动力的呢？要回答这个问题，我们需要知道究竟是什么发生了改变。换言之，这些企业的动力与灵活性究竟体现在哪里？

敏捷性的来源

随着时间的推移，内部系统结构维持了企业愿景、战略、企业文化以及领导层的稳定。与此相反，我发现这些企业还采取了同样完善、健全的方法来培养战略敏捷性（也就是定期持久地激发变革）。上述的第一种方法着实令人吃惊：在整个研究期间，这些企业没有进行任何大幅裁员、重组或抛售。

转型，而非彻底重组

在研究超凡增长企业的初期，我认为这些具有竞争优势的企业具有先进的裁员和重组流程，或者直接大规模退出某些衰退领域。因此，那一年的整个夏天我都在"折磨"我的学生研究员，让他们找出例子，说明这些企业是如何退出细分市场、终止项目或退出业务领域的。然而，学生们的研究并没有什么进展，日渐沮丧。

相对于竞争对手，超凡增长企业似乎将改变融入到他们的日常工作中。他们敏捷、持续地重新分配资源，而不是突然地剥离或重组。尽管我们尽了最大努力，却几乎找不到任何"突然忍痛退出某业务领域"的实例。然而，我们却发现了一种重新调配资源、转变重点的新趋势。我们还注意到，为了进入新市场，这些企业似乎欣然接受产业演变（尤其是涉及技术）和各种变化，而不是选择削减成本和资产剥离，美利肯就是这样一个例子。**超凡增长企业将行业变革视为发展契机，以此告别旧的业务，进入新的高增长领域。**

我的研究助理艾莉森·诺曼（Alison Norman）观察到，有关这些企业退出的信息是"难以找到的"。她所研究的5家超凡增长企业似乎都有一个诀窍：能够把旧技术整合到新浪潮中，在接受产业演变的同时，将旧技术应用到新的市场中，而不是采取完全剥离的方式。我的另一位研究助理张希也得出了同样的结论：这些企业没有进行资产剥离和变卖，而是通过优化升级向价值链上游移动。快速优化升级是他所研究的三家企业：印孚瑟斯技术有限公司、住房开发金融公司、辉盛研究系统公司的共同特征。

在我们的研究过程中，高知特公司实施了9次战略性收购，并且没有对任何资产进行剥离。起初，该公司从邓白氏集团独立出来，以提供简单直接的科技服务起家。多年来，它已将业务扩展到更加专业的咨询服务领域，凭借强大的产业聚焦优势和指派团队进驻客户办公地点的方式而独树一帜。随着公司规模的不断壮大，高知特已逐渐把人才和技术从低速增长的业务转移到人力更加集中的高接触业务中，比如，从提供普通的业务流程外包转移到销售完整复杂的软件解决方案。高知特正在推行一个新的发展战略，CEO弗朗西斯科·德苏扎称之为从"劳动套利"向"智力套利"的演变，而且无须像竞争对手萨蒂扬软件技术有限公司那样大规模裁员。

有趣的是，与其竞争者相比，像高知特这样的超凡增长企业在退出某个领域时，采取的是更加循序渐进的方法。印孚瑟斯公司高级战略副总裁桑杰·普罗海特向我解释说：

> 当我们决定退出某个领域时，就会削减对它的资源配置，这样在一段时间内它会变得越来越无足轻重。你没有必要大动干戈，而是任其自生自灭……我们可以轻松地重新部署这些领导者和人才，让他们去负责其他领域。我们公司从不解雇职员，而是将客户转移到其他领域，并让职员承担其他责任。

在我看来，他的阐释言简意赅，很好地道出了一个企业如何掌握瞬时优势的奥妙。

快速灵活的资源配置

从这种规避痛苦的转型方式中，我们可以得出一个更加微妙的启示：**企业要集中进行主要的资源配置**。这一点很重要，因为在很多企业资源配置很难进行。一位在某大型跨国公司担任首席策略官的朋友跟我说，许多公司的资源常遭到某些业务单元的霸占。当某个业务单元饱受压力，或机遇降临公司各部门之间的时候，由于现任领导者将这种改变视为一种威胁，而使整个公司不能有效应对。但在超凡增长企业中，面对主要战略挑战，领导者会集中协调并作出决策，公司业务单元之间行动起来将更加自由，相较于许多公司来说，预算也更加及时。

> 印孚瑟斯公司以季度为滚动期调整预算。桑杰不禁嘴角上扬，说道："必要时，我可以每隔7天重做一次预算。不过我不会这样做，因为这会把大家逼疯，但我们有能力这样做。"印孚瑟斯以其快速重新分配资源的能力而自豪。桑杰主要负责企业规划，即资源的重新分派和配置。如果一项业务不需要那么多资源，印孚瑟斯会公开透明地告知所有员工。的确，公司某部门领导可能会因为该部门当季的业务无法承担如此规模的资源，而通知桑杰撤回一部分资源。你能想象一个等级森严的公司会出现这样的情况吗？高质量的数据系统和完全公开透明的管理方式有助于流程运作。桑杰告诉我，印孚瑟斯内部没有隐藏的数据，不管对于公司还是下属的业务部门，所有的事情都是一样的透明和真实。"董事长对此有过精彩的描述：我自然相信上帝，其他人必须用数据才能取信于我。"桑杰如是说。

我感到很震惊，无法想象在一家普通公司，某位部门负责人找到战略主管要求撤回一部分资源。如果这家公司以管理的人力和资产数量来衡量部门重要性的话，那么这种情况肯定不会发生。

提高企业的可塑性

正如在预算中加强速度与灵活性的做法，另一个有助于转型的因素是：**这些超凡增长企业在提高敏捷性上做了很大的投资**。他们没有烦琐的年度预算流程和效率至上的价值观，而是重视提高企业的敏捷性，尽管这可能会导致企业轻微的次优化。例如，科尔卡把"速度和敏捷性"列为 5 大核心价值观之一（其他 4 个分别是合作和信任、创新和效率）。为此，公司还设立了年度奖项，奖励最能展现这些特质的员工。

超凡增长企业更有可能按季度进行策略调整和资源配置变化，而非每年一次。员工晋升和业绩评估也是如此。例如，雅虎日本的投资关系部负责人渡边真纪子向我们介绍了公司的季度目标和评估体系，并结合 360 度全方位评价法来决定某位员工是否可以晋升。

超凡增长企业的工作方式有一点非常有趣：**他们的运营速度较快，所以能够更好地应对环境的变化，更早地洞悉变革需求，比其他年度流程刻板的企业更早适应变化**。超凡增长企业似乎也克服了有效变革中的一个主要障碍，即管理者受恐惧和事业风险的影响，宁愿死守已经衰退的事业，也不向其他优势行业转移。

创新是常态，而非例外

普通企业通常关注资源利用，而创新则是顺便一提而已，无足轻重。**在超凡增长企业中，创新不是偶然的、断断续续的尝试，相反，创新是持**

续进行的主流事业，也是每个人日常工作的一部分。企业在网站和招聘材料中反复强调创新和机会识别过程，其重要性通过投资得以凸显。所有这类企业都自豪地展示他们在新业务中的投资份额，比如研发或国际市场的扩张。同样值得注意的是，这类企业各自具备一套流程，用于管理跨业务单元的整个创新通道。

以雅虎日本为例，渡边表示，公司正在实施四大增长战略：第一，"雅虎无处不在"，即用户能够使用任意电子设备访问雅虎；第二，打造用户导向的社交媒体，这就意味着，要把从用户那里获得的信息加入雅虎日本网站上的其他数据信息中，使其更具价值；第三，基于个体的兴趣和需求，提供个性化的本地信息；第四，建立开放的网络合作关系，致力于提供商业解决方案，如实现在线支付。在上述的任何一个领域，经理人通常有机会发现具有发展前景的下一轮商机，然后将资源配置到最具前景的领域。同时，公司领导者不断追踪关键服务的使用情况，以及对重要合作伙伴关系的影响，以此来确定何时终止该项服务。

在印孚瑟斯，高管团队每年都要求各业务部门宣布他们将要做的能够立即大幅推动业务发展的两件大事，不断探索新事物也是每个人日常工作的一部分。

辉盛对"创新30年"的理念倍感骄傲，并在2008年向政府递交的10-K报告中宣称，有能力创立一个关键竞争要素。

青岛啤酒以其不断的创新受到中国企业的认可。其前任CEO在宣布公司决定向一体化发展转变时说道："我们不能为了变强而做大。我们必须为了做大而变强。"青岛啤酒的创新重点极大地推动了环保酿造工艺的进步。当时，当地期刊报道称："多年的努力终于获得了回报。2010年4月，在四川省成都市举办的'2010中国绿色公司年会'上，青岛啤酒力压竞争对手，荣登'中国绿色公司百强榜'。"

"投石问路"的市场开拓模式

我把本章的初稿给伊安·麦克米兰过目，他发现，我们已经研究了一段时间的"投石问路"法似乎非常契合超凡增长企业对机遇的看法。他说："这就像一个公司在创办之初，需要四处寻找机遇，不断探索和参与，继而进军新市场。如果进程不顺，就在付出昂贵代价之前割舍没有发展空间的领域。"新战略手册涵盖的内容，正是培养"投石问路"法的思维方式和管理流程。

与竞争对手相比，超凡增长企业似乎都推崇"投石问路"法来寻找新机遇。这种方法的本质是：先以少量的初始投资试水新领域，待时机成熟之后再大举跟进。如果发展情况不容乐观，超凡增长企业也愿意放弃计划。总体而言，超凡增长企业倾向于抢在竞争对手之前进入颇具吸引力的领域，即使它们并不能确定最终的市场规模。此外，总的来说，这些企业似乎更愿意积极、不断地推行新举措。

HE END OF
COMPETITIVE
ADVANTAGE 瞬时竞争实践

HDFC 银行如何抢占新市场

印度 HDFC 银行加入各类新型增长市场就是一个典型案例。1998 年，HDFC 加入 Cirrus 银行间网络，以便全球各地的万事达卡持有人可以使用该行的自动取款机。2001 年，它又联手 VISA 公司在印度率先发行了国际借记卡。此后，HDFC 还在信用卡的使用上进行创新，比如推出一种专门面向农户的信用卡。2007 年 HDFC 与塔塔管道公司（Tata Pipes）达成协议，为农户提供信贷。相比之下，其主要的竞争对手印度工业信贷投资银行（ICICI）直到 2000 年才开始涉足国际借记卡业务。

这种提早进入市场抢占先机的模式被 HDFC 应用于许多新市场，包括覆盖全球的 ATM 网络、电话银行、手机银行、消费贷款（如车载收音机的融资）、电子商务、批发银行、在线会计、外汇服务等领域。事实上，除了印度的农村市场和已抢占该市场且根基雄厚的印度国家银行之外，HDFC 俨然已称雄印度。HDFC 的应对措施很特别：它联合邮政部扩大业务覆盖范围并提供创新产品。例如，农村妇女自助团体市场联动项目（自助团体通常由女性组成，每位成员定期存入小额资金，待凑足金额后再放款给成员或者做其他方面的投资）。HDFC银行对自己鼓励实验、不断创新的风格相当自豪。

　　一位研究 HDFC 长期成就的记者发现，HDFC 银行 CEO 阿迪蒂亚·普里是一位"谨慎的银行家"，他总是先学习、调适，证明可行之后才审慎跨入新领域，然后不断扩大开拓范围。正如普里所说："个人贷款、黄金贷款、微型金融、两轮车贷款、农业贷款，等等，都经过同样审慎的流程。"

　　与竞争对手相比，超凡增长企业似乎极少投入高风险的巨额赌注。这也和"投石问路"法的风格别无二致。

　　　　例如，在我们的研究期内，西班牙英德拉公司与其竞争对手英国 BAE 系统公司相比，虽然两家公司都进行了并购和资产剥离，但是英德拉公司的并购大都低于 1 亿美元，而 BAE 的并购数额则更大，大多数超过 1 亿美元，其中一个甚至高达 45 亿美元（2007 年收购美国装甲控股公司）。印孚瑟斯时任 CEO 克里斯·戈帕拉克里什南告诉我，为了降低文化和商业风险，印孚瑟斯绝不会做总额超过其收入 10% 的并购案。

　　最后，超凡增长企业有多元化又相互关联的投资组合。每个企业的投资组合保持足够的多样性，这使得它们在探索新方案时，可以同时投资更新的核心业务。他们稳定的业绩在一定程度上反映出这样一种事实，当一块业务走向衰退时，企业仍可以借助其他领域来达到平衡。

　　　　比如，英德拉公司在主要防御系统业务之外，通过收购宝兰数据库引擎（BDE）进入计算机系统设计领域，通过收购 Diagrama FIP 进入银行业，实现多元化投资。通过后续的并购，企业建立和维护一个强大的解决方案组合，不会过分依赖单一的商业模式或终端市场。即便是那些单一产品企业，比如青岛啤酒和雅虎日本也符合这一原则。前者的多样性体现在地域上，后者的多元化体现在所提供的服务种类及市场领域上。

稳定性和敏捷性：持续重组中的矛盾组合

我对超凡增长企业进行研究，希望能够深入了解它们是如何在某些特定的竞争优势转瞬即逝的情况下，坚持、发展甚至是繁荣起来的，进而得出了一项重大结论：**超凡增长企业巧妙地驾驭了多种看似不相容的需求。**

一方面，超凡增长企业表现出极大的稳定性。随着时间的推移，它们的价值观、文化准则、核心战略、能力、客户关系以及领导力都是非常一致的。虽然它们也在改变和适应，但是总体看来，这种改变是循序渐进的，这种适应是快速平稳的。这些企业很重视投资"软性"因素，例如培训和强化企业的价值观，企业领导者则通过有意义的象征性行动予以支持。

另一方面，在稳定的基础上，超凡增长企业进行了大量的实验和创新。它们正在开发、实施新技术，进军新市场，探索新的商业模式，甚至要开创新产业。它们开始收购，并且积极地从与自身截然不同的人和组织中获取外部资源。超凡增长企业能够迅速调整资源，且愿意对高管和员工进行人事调动。

保持稳定与一致和追求创新与挑战现状，这两种能力看似相互矛盾，实则高度相互依存。持有透明价值理念的稳定的组织环境有利于增强员工的信心，使他们可以承担实验存在的风险。高绩效的标准和成为"标杆企业"的雄心壮志，能够防止"保持稳定"变为"骄傲自满"。所以，实践的强大价值观具有象征意义，可以帮助企业保持合理的道德标准。持续不断的细微变化可以为组织带来活力，以免迂腐过时，同时也能避免大规模重组的"爆炸性"风险。管理的连续性促进非正式内部网络的形成，研究早已表明，这些非正式内部网络与成功的创新密不可分。一致的企业节奏和内部行动能帮助公司腾出时间和精力尝试新事物，避免将时间和精力花在弄清旧事物何以发生的问题上。

因此，在领导力和管理上的挑战是需要保持创新和稳定互补的组织系统。企业重心如果向创新方向严重偏移，就会导致企业的一致性和一体化的优势分崩离析；如果向稳定方向严重偏移，则会导致创新和变革步履维艰。在我们的研究中，在任何情况下，起决定性作用的都不是那些"硬性"分析因素，如资本结构、资本成本、资产价格和市场资本化。

本章探讨企业重组，从宏观的角度看到当竞争优势转瞬即逝时，企业需要什么才能够成长壮大起来。在后面的章节中，我们将更深入地探讨其核心流程，下一章探讨如何对衰退业务进行良性割舍。

THE
END OF
COMPETITIVE
ADVANTAGE

03
良性割舍，终止衰退的现有优势

在企业危机爆发前的相当长一段时间里，业务或商业模式衰退的迹象就已清楚地显现出来，比如，创新收益减少，同类产品竞争加剧，已动用资本回报率下降。那么，何时应该从业务组合中割舍掉曾经创造竞争优势的旧业务呢？

当今世界，竞争优势转瞬即逝，企业从已衰退的现有优势中退出，与开创新事业一样事关重大。当企业的某些业务不再具有增长潜力，或竞争对手已抢占商机，抑或其发展前景不容乐观时，这些业务都亟需被割舍。

THE END OF COMPETITIVE ADVANTAGE

身边的一位高管曾向我抱怨，那些以战略和创新为主题的书籍为领导者提供了许多开拓全新领域的妙计，却没有一本教他们应该停止做哪些事情。当今世界，竞争优势转瞬即逝，企业终止某些业务，从已衰退的现有优势中退出，与开创新业务一样事关重大。企业中那些不再具有增长潜力，或竞争对手已抢占商机，抑或发展前景不容乐观的业务都亟需终止。

上一章中，我们探讨了超凡增长企业是如何通过一系列细微改变，从而避免作出退出或割舍等重大决定的。但并非所有企业都如此幸运，有些情况下必须进行更为彻底的割舍。其中的原因可能是由于某个行业的衰落速度远远大于预期（如富士公司在 20 世纪 90 年代的境况），或是因市场发生根本性变革（如 iPhone 问世后智能手机行业发生的巨大变化），抑或是由于企业在"开拓"阶段徘徊得太久，而且未进行重组。本章将就这一话题展开讨论（见表 3-1）。

表 3-1	新战略手册：良性割舍
过去	现在
盲目坚持衰退的竞争优势	频繁、正规、系统地结束竞争优势
视退出为下策，不甚可取	勇于退出，并注重从中学习
戏剧性地突然退出	平稳、持续地退出
关注客观事实	关注主观的早期迹象

洞悉衰退的早期迹象

在企业危机爆发前相当长的一段时间里，业务或商业模式衰退的迹象就已经清楚地显现出来了。如若留意观察，便可找到许多蛛丝马迹。但问题是，在企业常规的评估中，这些迹象很少显现出来。

创新收益减少

第一个明显的迹象是，下一代产品的创新点在改善用户体验方面发挥的作用越来越小。如果设计人员无法开拓新思路，使下一代产品独具特色，那情况就不容乐观了；如果科学家和工程师预测，新发明将威胁现有产品的发展，情况同样不容乐观。黑莓公司的前身、加拿大移动通信研究公司生产的黑莓电子邮件设备就是源于该公司的第一代全键盘寻呼机。这款产品的研发轨迹并无新意，主要融入了彩屏、照相、录音等功能，并增加了一些应用程序。尽管消费者喜欢这些创新，但却不会因此而感到兴奋。

同类产品竞争加剧

第二个明显的迹象是，用户越来越愿意接受新的替代产品；或者更糟糕一点，市场上的替代产品与你的产品质量相仿且区别不大，但价格更便宜。比如，谷歌为安卓手机开发了一款地图应用，支持语音逐向导航。如此一来，独立 GPS 导航设备的吸引力就明显下降。甚至有人预测，车载 GPS 导航设备和手持 GPS 导航设备将被取代。

更坏的情况是，其他颇具竞争力且令人惊喜的产品满足了用户的期待，展现出了它们改变竞争维度的能力。最近，一位知情人士报道了 RIM 公司在 2007 年苹果发布 iPhone 手机后作出的反应：

> RIM、摩托罗拉、诺基亚、Palm 等早期手机厂商，失势的部分原因是其自取灭亡的理念。尤其是 RIM 公司，从一开始就认为智能手机是其寻呼机自然发展的产物，由于电量或无线技术的限制，手机永远无法支持更多功能。在苹果公司推出 iPhone 之前，RIM 公司的观点才开始有所改变，但操作系统仍以其早期假设为基础，直到最近才发生改变。

此番言论证实了人们普遍认为的一个观点，即黑莓 Storm 是在 iPhone 面世之后才开始研发的，而在此之前并未着手智能手机的研发工作。2008 年底，距 iPhone 面世约两年后，RIM 公司才发布了第一款触屏手机——Storm 系列手机，它并不支持多点触控，也没有完全精准的网页浏览器。直到 2012 年夏天 Torch 的出现才打破这一局面。

RIM 公司生产的手机功能明显落后于极具价格竞争力的安卓手机，并且已经远远不能满足现今用户的需求，RIM 公司正力求阻止其市场份额继续下滑。

边际收益递减

最后，理所当然地，业务衰退可以从数字上看出来。在衰退之初，销售增长率通常会出现小幅下降，接着趋于平缓，最后销量下降。然而，当你发现公司的业绩下降时已经为时已晚，无法再提前作出积极的应对，你会意识到自己处于比之前更弱势的位置。

威科集团曾是一家比较传统的出版公司，之后向数字化领域转型，该公司在产品的业务组合管理方面表现极佳。正如 CEO 麦金斯特里女士所说，对于那些生命周期尚未接近尾声的产品，威科采取"修剪"的管理策略。更新的频率可能会下降，编辑资源的投入也可能会减少，这种情况称为"收获"，并被普遍视为出版业生命周期管理的一部分。相较之下，更加困难的则是彻底的资产剥离所带来的挑战。在威科，麦金斯特里女士制订了"按类别划分小众市场"的审查机制。有机增长率超过 5% 的为高增长市场，将获得持续支持；在 2%～5% 之间的为"可维持"市场；低于 2% 的可作为"修剪"的候选，一旦失败则会被剥离。自从接管威科集团以来，麦金斯特里的创新之一就是实施

了更加结构化的业务组合审查流程，并取得了显著效果。如今"超过
60% 的资本投入到增速超过 5% 的市场中"，这是她在一次采访中告诉
我的。她认为，在转移分析重点之前，业务组合管理的方法帮助他们
提前退出了衰退的业务。

由谁决定割舍

当管理者的职业生涯和未来的发展前景，取决于他所经营的业务能否
继续下去时，期待他们主动提出割舍这项业务是不现实的。的确，在开拓
阶段十分重要的提高效率和增加客户忠诚度的技巧，能够使那些事实上应
该被割舍的业务在很长一段时间内看起来仍然具有吸引力。此外，在许多
企业里，没有人愿意整合或展示会导致他人质疑某项业务或某个部门的信
息。有三种方式可以克服这一困难：

◆ 第一，像威科集团那样，组建一个长期的专属团队，定期对公司
  的业务组合进行审查，甄别出应该割舍或是从中撤资的业务。

◆ 第二，积极频繁地革新管理团队，这是由埃森哲咨询公司创立的
  模式。

◆ 第三，CEO 定期对业务组合作出评价，以便取舍。宝洁公司前
  CEO 雷富礼（A. G. Lafley）[1] 将上述挑战定义为业务的"内外结

---

[1] 推荐阅读雷富礼与罗杰·马丁合力之作《宝洁制胜战略》，这本书的中文简体字版，已由湛庐文
化策划，浙江人民出版社出版。——编者注

合"，他在《哈佛商业评论》的一篇文章中写道："只有 CEO 能够
放眼整个企业，为企业作出艰难的选择。"

超凡增长企业雅虎日本的投资者关系部主管渡边真纪子持有相同的观
点。她说："我们的 CEO 说，他自己就是公司最忠实的用户，身为用户，他
不希望雅虎日本作出惹恼他的事情，这就是我们的基本理念。"这种与事业
上的联系，使得 CEO 能够作出相对公平、冷静的基于数字的评估，评估出
雅虎日本应该放弃或继续提供哪些服务。当某项服务使用率和利润率较低，
或者与其他业务相冲突时，公司就会采取割舍的战略。矛盾可能会导致服
务的中止。渡边真纪子继续谈道：

> 当管理团队发现某项业务的利润较低或者和其他业务冲突的时
> 候，就会终止那项业务。例如，几年前我们终止了视频服务。这项
> 服务和视频网站 YouTube 一样，用户可以上传视频，但如你所知，
> YouTube 上有许多未经授权的非官方视频，因此我们提供了一项和
> Hulu 网站（一个免费观看正版影视节目的网站）类似的视频服务，我
> 们称之为 Yell，其内容全部经过合法授权。

> 后来，公司发现这项视频业务会破坏与内容生产商的良好关系，
> 所以就终止了此项业务。

促动领导层作出割舍的三种方式

◆ 第一，组建一个长期的专属团队，定期对公司的业务组合进行审查，甄别出应该割舍或是从中撤资的业务。

◆ 第二，积极频繁地革新管理团队。

◆ 第三，CEO 定期对业务组合作出评价，以便取舍。

何时决定割舍

托尔斯泰有句名言，被一些人戏称为"安娜·卡列尼娜定理"（Anna Karenina principle），即"幸福的家庭都是相似的，不幸的家庭各有各的不幸"。衰退的竞争优势也是如此：不是所有的竞争优势都相同，同样的竞争优势，最终结果也不尽相同，并不是全都惨淡收场。根据统计数据显示，从长久来看，大部分业务都会失去价值。实际上，早在几年前，当时的麦肯锡资深研究人员理查德·福斯特（Richard Foster）和沙拉·卡普兰（Sarah Kaplan）在其著作《创造性破坏》（*Creative Destruction*）中就曾指出，某项业务存在的时间越长，相对整个行业而言，其股东总回报就会随着时间的推移系统性地下降。其后《哈佛商业评论》上的一篇文章阐述了这样一个观点：当你发现某项业务应该被出售或者业绩持续下跌时，就应该赶快行动，因为，时间拖得越长，剩余价值流失得越快。

不过，我们也在思考一个无法回避的问题：何时应该从企业的业务组合中割舍掉曾创造竞争优势的旧业务呢？这样做可能是因为以下三种原因中的任意一种：

◆ 第一，你可能同 Netflix 公司一样，已经进行了总结，认为目前的核心产品因为某些原因已经过时，需要把用户、供应商和组织转移到新的平台上。

◆ 第二，某项正在经营的业务可能拥有非常稳健的现金流和巨大的吸引力，却已经不再符合企业的战略。

◆ 第三，某项业务或某种能力正逐步退化，越来越落伍。

此外，我们还会面临时间的压力。有些优势转换处于相对渐进的状态，企业有充足的时间跟进；有些优势转换发生得很快，需要立即采取行动。综合考虑上述因素，我们可以得出以下 6 种不同类型的割舍战略。

6 大割舍战略

主要有两方面的因素影响割舍战略的选择。**第一，是对管理未来资产或能力的判断；第二，是实施割舍时时间压力的程度。**这两个因素综合作用的结果如表 3-2 所示。

表 3-2	6 大割舍战略		
	业务未来 的核心能力	对其他企业 有价值的能力	衰退的能力
时间压力 较小	**有序转移** 转移升级业务的 各方面配置	**标价拍卖** 以合理的价格出 售不再感兴趣的 资产	**逐渐剥离** 减少投资的同时以 较高的价格继续为 用户提供服务
时间压力 较大	**背水一战** 舍弃旧的核心能 力，迅速将重心 转移到新的核心 能力上	**低价出售** 出售无法再次利 用的非核心资产	**一站到底** 促成并购或在最后 阶段占据有利地位

有序转移：新方式满足客户需求

我第一次知道挪威的施伯史泰德（Schibsted）集团非同一般的发展历程，是读到 2010 年《商业周刊》的一篇报道。报业集团施伯史泰德成立于 1839 年，是一家有着悠久历史的企业。与其他地方的报业集团一样，当时施伯史泰德正着手应对不断下滑的广告收入。《新闻周刊》称，美国报纸的广告收入在 2000—2010 年的 10 年间急剧下滑，从 2000 年的 486 亿美元降至 2009 年的 248 亿美元，其中分类广告损失最大。与美国同行一样，施伯史泰德旗下的报纸，如《世界新闻》（*VG*）和《晚邮报》（*Aftenposten*）这样的日报，广告收入锐减，分类广告尤甚。然而与美国同行不同的是，施伯史泰德根本就不在乎。原来，客户只是从施伯史泰德旗下的公司跑到了另一家……施伯史泰德公司而已。早在 1999 年，施伯史泰德就将在线广告

网络平台 FINN.no 分拆出去，直接与报纸竞争。公司总裁罗尔夫·赖斯达尔
（Rolv Erik Ryssdal）认为这没什么大不了的。正如他对记者所说的那样，"我
们不害怕自我调整"。

施伯史泰德采用的在线商业模式，与令美国报业高层头疼的克雷格列
表网站（Craigslist）并没有太大区别。多数广告都可以免费发布，但要想提
高曝光率就需要额外付费。施伯史泰德的网站也可以刊登企业广告，但克
雷格列表却没有此项服务。施伯史泰德还有其他姊妹网站提供求职和汽车
销售服务，这两项业务的运营成本都极低，所以在线广告一直比平面广告
赚钱。挪威人还拓展了业务，通过收购或新建的方式陆续在 22 个国家开设
了广告网站。如今，施伯史泰德是世界第三大在线广告公司，仅次于克雷
格列表和 eBay。据报道，该公司旗下的一些网站，利润率能达到 60%。

在里斯达尔之前上任的 CEO 谢尔·奥莫特（Kjell Aamot），其远见卓识
在北欧地区为人所称道，也是北欧地区上市公司中任期最长的 CEO 之一。
他曾预言，现在的纸媒模式将在 "20 年之内消亡"。这一预言令人颇感不快，
一位观察员抱怨说："我们都听烦了这种报纸产业末日来临的预言。"他的
预言灵感来自何处呢？不是从别的什么地方，而是从他的孙辈身上得来的。
一家纸媒观察员这样描述奥莫特的预言：

> 他看到他的孙子、孙女很少看电视，却更喜欢使用网络和手机。
> 他们一会儿玩网络游戏，一会儿又去浏览网站，孩子们喜新厌旧的速
> 度令他讶异。他的确看到传统报纸已经不能满足孩子们的需求了。

奥莫特的职业生涯虽充满争议，但他推动企业走向网络化的道路，并帮助公司在主要业务模式遭到侵蚀之前做好了充分的准备。那么未来将会如何呢？他指出，或许新闻行业要靠汽车销售或其他行业的补贴艰难前行了。

施伯史泰德集团的故事阐释了一个企业如何逐步通过将客户、收益流和操作模式，从旧的优势转移到新的优势从而完成业务割舍的过程。这也是一个有关扭转客户采用（reverse customer adoption）的有趣例子。想投放线上广告的客户发现已经有准备好的投放渠道，因此早早转换阵地；而投放纸媒广告的客户不会被强迫转移，除非他们已经做好了准备。从只有早期的尝试者到被大众市场所接纳，施伯史泰德的这个优势转换过程显示出非凡的管理技巧。

相比之下，Netflix 公司则做得不尽如人意。它在大多数客户没有做好准备时就迫使他们进行改变，从而激怒了用户。Netflix 公司没有仔细判断应该退出哪些细分市场，也没有循序渐进地进行转移，而是同时对所有用户执行同一种策略，因此遭到了大众市场的抵制。我认为 Netflix 公司早该意识到，引导用户准备转移的过程与引导用户采用新产品一样，只是过程相反而已。不是所有用户都能同时为转移做好准备，企业需要判断出不同用户群体的转移顺序。

如果 Netflix 公司 CEO 里德·黑斯廷斯没有提高所有用户的价格，而是为那些愿意放弃 DVD 服务的用户提供新的模式和价格优惠，那么，他就能将这个细分市场的用户转移到新模式中。然后，他可以锁定那些使用 DVD 服务频率较低的用户，告诉他们，以后同样的价格每个月只能收到一盘新 DVD，而不是像以前一样，只要想要就可以随时收到新 DVD。如果用户仍想获得即时服务，就需要付更高的费用。这样又转移出了一批用户，至少降低了 DVD 使用量。接下来，当细分市场的用户开始意识到主流媒体的视频播放也不错后，公司就可以大幅提高 DVD 业务主流用户的价格。Netflix 公司的问题在于，试图催促用户更快地转移，从而导致战略上的失误。

背水一战：核心业务面临直接威胁

你永远不会希望身陷如此困境：核心业务的市场占有率和利润都面临直接威胁，此时也没有绝对安全有效的方案，你必须快速决定聚焦于何处。想想诺基亚的处境吧：由于经济严重衰退，使整个生产线上各项产品的需求锐减，一些核心业务出现亏损，公司无法充分打进新兴的成长型市场，领导层也动荡不安，股价急剧下降——我不是在说 2011 年的诺基亚，而是 20 世纪 80 年代那个四面楚歌、运气欠佳的诺基亚。领导层甚至放下身价询问其竞争对手爱立信公司是否有意收购自己，结果却遭到了拒绝。

当时，马蒂·阿拉胡赫塔（Matti Alahuhta）是诺基亚的一名高管，他见证了诺基亚东山再起的重大历程。多年后他告诉我："你知道吗，当时我们很容易就作出了决定，因为别无选择。"公司决定将希望押在刚起步的通信业务上，依靠的是之前投资计算机化和通信技术的回报，以及收购国有电信垄断企业的资产。除此之外，公司还变卖了其他的业务。电视业务、橡胶靴、电缆制造及其他工业业务通通卖光。这就是当核心业务濒临危机时，业务割舍的本质。

当然，如今的诺基亚也可以写出一个类似的故事。我研究、观察诺基亚很多年，也与他们有着多年的合作经验。在我 2000 年第一次接触诺基亚时，与许多人一样，我也非常欣赏这家公司。因为在那个时期，诺基亚手机业务的发展速度惊人，它的成功绝对令人惊叹。但与诺基亚合作的时间久了之后（先参与了企业创新机构的精选项目，后来又参与了几个管理项目），我便开始担忧起来。多年来，我一直把诺基亚的创业过程视为精彩的范例和研究的对象，我曾在学术期刊上发表了多篇研究成果。然而，这一过程似乎失去了诺基亚高管的支持。新上任的 CEO 更加关注数字，而不是以产品为中心，这造成了很严重的人才流失。虽然诺基亚在印度、中国等国家的发展势头强劲，但在美国却毫无立足之地，尽管多年来它在战略上声称，美国是它的核心目标市场。

一位诺基亚资深观察员兼业内专家对我说："诺基亚最大的问题是自满。"他向后靠在桌子上，惟妙惟肖地模仿当时相当一部分诺基亚领导的肢体语言。他双手交叉，然后说："其实，他们对自己洋洋得意的态度还真挺骄傲的。"当时我就笑了。2001 年，与诺基亚再次合作时，我又笑了。那时，我和一群诺基亚的工程师在芬兰奥卢（Oulu）的一家酒店里开会，酒店里冰冷无比。突然有人谈起新发布的 iPod，而这群工程师的反应则完全是不屑一顾。他们说："就那个？那就是个过时的技术，只不过是把硬盘驱动器嵌入到一个花哨的盒子里罢了。"大约在 2006 年，我中断了与诺基亚的积极合作。但直到现在，每当我重新审视管理层所做的新决策时，警钟都会再次敲响。

我有一位同事，参与过很多研究项目，其中也包括诺基亚。2007 年 1 月，我收到了他的一封邮件，十分令人感慨。

丽塔：

今天我在诺基亚公司参加了一个很有趣的会议。我没有见到新业务事业部的负责人，因为他临时出差了，不过我遇到了他的战略主管。由于大量的人员变动（包括 CEO 和诺基亚企业创新机构的负责人），他们再次彻底改造了新业务的发展模式。他们已完全放弃创投，将原来的企业创新机构作为公司的一个业务组，并要求它有独立的收入和发展。现在，他们几乎放弃了所有早期活动（例如去年 8 月，他们出售了诺基亚企业创新机构位于美国的分支机构 Innovent），并以所谓的项目或业务线的形式，尝试涉足不同的业务领域……在我看来，他们会遭遇重大失败。更糟的是，其实公司内部有许多人早就预见到了这一点（战略总监说，公司一切事务都依赖于某些关键位置上的人）。

好了，亲爱的读者们，现在你们应该清楚这件事将如何发展下去了吧？后来，我和这位同事通了电话，我们决定，出于教学目的，不再将诺基亚作为创新典范。这一切发生在 2007 年，而到了 2012 年，诺基亚再一次濒临绝境。

诺基亚 CEO 斯蒂芬·埃洛普（Stephen Elop）是诺基亚从微软公司 Office 业务挖过来的。如今，他面临的挑战，与 20 世纪 80 年代末诺基亚领导者的如出一辙。诺基亚到底应该摒弃什么才能实现继续发展呢？我第一次见到斯蒂芬时，他还在微软工作，负责运营价值 190 亿美元的微软核心 Office 办公软件的特许经营权。在有关战略、发展、企业的合适规模、如何将核心特许经营释放出的资源投入到新领域的探索中，以及微软如何在关键之处犯下大错等方面，他乐意与人分享自己的观点——简而言之，我认为埃洛普感兴趣的很多方面，都值得微软这一软件巨头认真思考，这将对其发展大有助益。

那么，埃洛普在诺基亚做的重大割舍决定是什么呢？那就是停止开发诺基亚的米狗（MeeGo）操作系统，而采用微软的 Windows 7 系统。这无疑是一个艰难的决定，因为人们普遍认为，米狗系统是诺基亚应对安卓和苹果智能手机作出的回应，并且对挽救公司起到了一定作用。埃洛普和首席开发官凯伊·奥斯塔莫（Kai Oistamo）对该项目做了审查，期间他们询问了 20 位深入参与米狗项目的工作人员，得出的结论令人震惊也使人叹惋。即使以最快的速度开发，在 2014 年之前，公司也只能推出三款应用米狗系统的手机，这依然无法及时解决诺基亚核心业务的危机。因此，埃洛普决定停止开发米狗系统，将一直致力于开发这个注定失败的操作系统的人才，转移到更加面向未来的项目中。既然使用苹果的 iOS 操作系统是不可能的，使用谷歌的安卓操作系统又不能使诺基亚处于主导地位，而且会与诺基亚的 Navteq 业务产生竞争，那就只剩下微软的 Windows 操作系统了。尽管微软在美国智能手机市场的占有率极低，但人们对其操作系统的评价却还不错。更重要的是，微软与其他公司和经销伙伴有着强大的合作关系，这可以帮助诺基亚在其垂涎已久的美国市场中获取增长动力。

如今，诺基亚的战略包括三部分：首先，与诺基亚研发的操作系统相比，使用微软的操作系统可以更快地帮助诺基亚重返智能手机的竞争市场；其次，确保诺基亚拥有新兴市场；最后，新破坏。正如《商业周刊》中一篇文章所描述的那样：

> 埃洛普的第三要务被称为"新破坏"。这是一个得到完全授权的研发团队，团队成员是前塞班和米狗（尤其是米狗）系统的顶级技术人才，团队位于赫尔辛基和硅谷。诺基亚在2009年雇用了一批有创造力的公开源代码推广者，要求他们打造出全新的设备，由此，这项计划便得以实施。几个月后，他们接到新任务，开发替代塞班的新系统。2月29日，埃洛普在柏林对工程师们说："你们的目标依然是努力开发出下一代重要产品，打败苹果、安卓和现在我们正在使用的微软，并区别于所有这些操作系统。所以，为之努力吧，在接下来的12个月里，不必为挽救诺基亚而担心。我已经要放手一搏了。"

这会起作用吗？尚不得而知。企业在应对这种割舍时，很多事情都容易出错，诺基亚也已失去了很多时间。另一方面，正如诺基亚早期就意识到的，他们的选择已寥寥无几。2011年10月，与微软合作后生产的第一款智能手机上市，好评如潮，新闻标题也掷地有声："诺基亚重返战场。"

标价拍卖：对他人有价值的旧业务

一些无特殊优势的业务虽然长势良好，或蕴含有吸引力的现金流，但却不具备母公司的间接成本结构或利润率。制药公司对待非专利药物的方式就反映了这一情况：对默克（Merck）或诺华（Novartis）这样的大企业而言，仿制药品业务并不具备吸引力，但对低成本全球竞争者梯瓦（Teva）来说却极具吸引力。类似地，对威瑞森而言，有线电话业务就像通往商品地狱的通道，但是受这项业务稳定资金流的吸引，两家私人股本公司却争先恐后地想拥有它。

在伊万·赛登贝格（Ivan Seidenberg）长期担任威瑞森 CEO 的过程中，威瑞森采取的是一种进取型策略，即割舍像固定电话这类增长缓慢的前核心业务，进入那些竞争性更强、风险更高、增长更快的领域，如无线电和数据服务领域。一定程度上，在我的哥伦比亚商学院同事布鲁斯·格林瓦（Bruce Greenwald）的推动下，早在 2001 年，赛登贝格便预见到现存优势将逐渐消失，他预计公司年收入将超过 1 000 亿美元，其中 35% 来自无线电业务，20% 来自数据服务业务。同时，他也预计传统语音收入在业务订购总量中的占比，将从 60% 下降到 35% 左右。从那时起，威瑞森公司便开始放弃低增长业务，即使该业务的资金流动稳定，比如有线电话业务。为了保证能够在提供电视和互联网服务方面与有线电视竞争，威瑞森公司利用这些分拆业务所获得的资金，在如光纤服务技术等新领域进行了巨额投资。赛登贝格做了许多其他企业没做成功的事：**在核心业务仍持续产生大量资金收益的同时，大力投资企业的未来。**

对于退出核心业务并在成长中进行重新定位的企业来说，最大的挑战是说服投资者"这是正确之举"。由于大量投资宽带接入服务，威瑞森的股票连年受损。然而在 2007 年初，带有"威讯的电视赌局迎来收获"（这类标题的文章开始出现。）2009 年初，《巴伦周刊》中一篇关于威瑞森的文章开篇这样写道：

> 在非常时期，它投资了一家既可靠又普通的公司，聚焦增长方式，并有望获得市场回报。威瑞森是纽约的无线电通信巨头，完全符合这些条件。

考虑到威瑞森割舍之前的核心业务，如今的平反之辞必定能让其满意。

低价出售：仓促变卖

对于一个管理教育工作者而言，关于瞬时优势现象最令人沮丧的事情之一是：一经发现某个企业的战略运作巧妙，不久，这个公司就会成为该战略的受害者，随之而来的经营不善使他们彻底怀疑之前的巧思妙想。墨西哥水泥制造公司西麦斯公司（CEMEX）就是这样。不止是我，很多管理研究者都曾盛赞过这个作风大胆的区域公司，它通过创新、对电子技术的巧妙运用以及积极的并购活动，一跃成为全球化企业并大展身手，成为世界第三大水泥公司。

然而，一些时机不当的收购和全球建设的放缓，已经使西麦斯逐渐出现疲态：2009 年几近破产，而 2011 年仅第三季度的损失总额就高达 8.217 亿美元。由于核心业务面临威胁，西麦斯开始大举抛售非核心资产以减少债务和履行金融合同。到了 2012 年底，抛售的总资产高达 10 亿美元。CEO 洛伦宗·赞布拉诺（Lorenzo Zambrano）已经接受业务挑战，对想要继续留在母公司旗下的事业下了最后通牒：资本报酬率必须达到 10%，否则将被拍卖。名单在列的有采石场、合资企业持有的资产、房地产，以及其他到年底在利息、税收、贬值和摊销之前不产生收益的闲置资产。

不像前面提到的几类企业是出售经过调整的资产，这种"跳楼大甩卖"承受着极大的压力。由于投资者和财务分析员对管理团队施加压力，可以使其遏制损失、确认焦点并促使公司打破常规。正如我的朋友兼同事哈里·科林（Harry Korine）曾说的，在这一点上，有时候，激进主义投资者能对不愿作出艰难选择的管理团队起到关键的推动作用。

逐渐剥离：衰退但仍为人所需的技术或能力

即使事业到了生存的最后关头，其中也往往有些重要因素仍旧可以依赖。明白了这一点，企业在向用户和其他利益相关者提供适当的支持时，就必须找到将业务缩减到合适规模的方法。这些小众用户通常对价格不敏感，而且对产品的需求很大。

GDCA 如何从陈旧过时的设备中获益

GDCA（原 GD 加州公司）就是因为产品老旧过时而受惠的例子，通过允许客户公司放弃过时技术，并坚持对主要客户作出承诺，因而从过时陈旧的产品中获益。为实现技术进步，淘汰末端产品、电脑设备（比如电路板）的主流制造商放弃过时设备，向工厂运入闪闪发亮的新机器。此时，他们给已经在产品内部嵌入电路板的精密医疗、军事和工业设备制造商带来了巨大的麻烦。当这些零部件发生变化时，就需要重新设计产品的零部件，这反过来又刺激了新一轮检查的需求，例如检查设备是否具有保证合理运行的资格证书。当设备老化问题更加频繁地出现时，之前认为只要收购足够多的旧电路板就能达到预期要求，后来证明这样做的成本太高，难以处理。

GDCA 填补了这个缺口。与常理相悖的是，GDCA 制造旧电路板，是为了保证下游客户能够继续购买并安装在产品中的合适电路板。它的"保证供货计划"基本上是为客户提供保险方案，以避免零部件因老旧而停产以及其他问题。当原来的制造商决定不再生产电路板时，订购者只能向 GDCA 公司求助。于是，GDCA 将技术从原来的制造商转移到自己的工程组；储存物资；在必要的情况下生产更多零部件；提供售后维修；在客户最终决定继续使用新设备的时候终止计划。截止到 2003 年，每套产品的订金是 10 500 美元，再加上每件电路板每年的维修费 3 000 美元。值得注意的是，GDCA 通过发展创新业务模式，也就是通过承保而不是仅依靠制造来减少产品种类。

许多技术公司对于"缩减到合适规模"这个战略存在一定顾虑：当发展的业务中断时，常常会面临丢失极具价值的科技能力的风险。为了解决这一问题，企业通常会成立一个特殊部门，专门集中保存这些科技能力。比如，电信制造商亚美亚（Avaya）一直设立着"定制工程"部门，主要负责管理那些闲置不用的科技能力，如果这些科技能力能解决客户的问题，便重新启用；当客户不再需要它的支持时，便将其淘汰。亚美亚前战略主管穆罕默德·阿里（Mohamad Ali）对公司采用的"保持一定科技能力"机制作出如下解释：既然之前已经有客户同意购买某个解决方案，"你就不能简单粗暴地淘汰该方案，而让客户孤立无援"。

阿里举例说明了亚美亚在日本为花旗银行开发的"细话服务"（thin call）产品，客户可以通过电话和视频与银行柜员进行远程交流。同样地，银行柜员也可以与数百里以外的客户成功交流。正如阿里所说："假如我们决定淘汰那项服务，花旗银行一定难以接受。所以，我们将其移至定制工程部门。只要花旗银行仍是我们的客户，那么我们将持续为其提供支援。"即使并不依靠定制工程部门直接生产产品，它也是亚美亚保留人力和专业技术的一块"阵地"。这说明了有效割舍的两个原则：

◆ 第一，不会因一项业务的终止而丧失核心技术能力。

◆ 第二，因企业终止某项业务而受到负面影响的利益相关者也可以
免遭损失。

一站到底：获取价值的割舍

通过促进整合衰退产业，有效使市场下滑，并成为仅存的几家引领供
应商之一，这是其中的一种割舍战略。这种战略的逻辑在于，衰退型产业
所需的投资相对较低，成本也有所降低，在这种情况下，由于面临的竞争
者都已不在生存模式下，即使资金规模减少，现金流量也仍然可观。然而，
并不是说这个行业里所有的企业都能通过实施这一战略而获取成功，有些
企业可能会被迫退出。只有那些能够高效运作，并将成本降至恰好能逼退
竞争对手的企业，才能成功运用该战略。

另一种减少产能过剩的方法是自主寻求缩减，比如购买其他企业的资
产并接管其生产，成立可削减产能的合资企业或成为其他公司的外包合作
伙伴。对于结构稳定的企业而言，还另有选择：大量投资衰退产业，让
其他企业觉得继续留在这个市场不具备任何竞争力。乔恩·亨茨曼（Jon
Huntsman）曾颇为成功地运用此策略，作为亨茨曼化工公司（Huntsman
Chemicals）创始人，他成功合并多个产业，例如纺织品染料和制作快餐连
锁店食品包装盒所需的化学制剂。

当然，这种战略并非毫无风险，因为竞争对手的反应以及某行业未来
可能的定价都很难预料。全球钢铁业便是一个能完美阐释这种情况的有趣个

案。不会有人指责印度钢铁巨头阿塞洛·米塔尔钢铁集团（Arcelor Mittal）CEO 拉克希米·米塔尔（Lakshmi Mittal）缺乏信心或远见。以"胆识改变一切"为信念，米塔尔成功实现了几十个合并项目，其中一些颇具争议。但让他首次受到世界瞩目的案例，是其规模壮大的印度公司曾在 2006 年设法收购法国钢铁制造企业阿赛洛（Arcelor）。法国方面对此不屑一顾（他们计划为此次交易筹措资金的股票被称为"临时股票"），不过整个欧洲对此较为震惊，没想到一个来自新兴经济体的企业竟然有能力收购一个欧洲的大型企业。

米塔尔成功了。他的目标是在 20 年内整合全球钢铁产业，让整个行业除了成本以外，几乎不存在其他竞争优势，以此在行业内占据领先地位。收购阿赛洛只不过是实现这　目标过程中的里程碑。然而，多年的努力并没有产生预期的成本效益或合并利益。2010 年夏天，阿赛洛·米塔尔宣布，计划将其不锈钢产业划分出去。这种情况反映了企业努力在衰退产业中充当引领者时，常常碰到的难题。一位不愿透露姓名的北欧观察员评论道："削减产能可以使整个产业获益，但没有人会主动削减。所以我认为一切都只会维持原样。"

THE END OF COMPETITIVE
ADVANTAGE **竞争优势智慧洞察**

良性割舍三项原则

◆ 首先，学会识别警告标志。通常情况下，这些标志为定性领先指标，而非定量滞后指标。

◆ 其次，确定能获取识别这些数据的方法。

◆ 最后，一旦作出决定，立刻审视自己的处境，并制订最为合理的割舍
   战略。

你也应该发现，在瞬时优势的背景下，传统的预算编制和规划进程几
乎没有什么作用。决定退出并有效地退出某个产业，需要有突破预算僵局
和有效转移资源的能力。在本书的下一章中，我们将进一步探讨，在从一
种优势向另一种优势转变的过程中，我所说的"敏捷"组织是如何运用其
资源来提升反应速度、提高敏捷性的。[①]

---

① 有关评估如何进行"获取价值的割舍"（value-capturing disengagement），请参见《发现驱动型增
   长》（*Discovery-Driven Growth*）第 8 章。

" THE
END OF
COMPETITIVE
ADVANTAGE

04
资源配置，提高企业敏捷性

在瞬时优势的环境里，更好的做法是放弃优化某些资源，转而创造灵活性优势，要创建能够灵活应对瞬时优势影响的企业，把控资源分配的过程是不二法宝。那么，企业如何通过资源配置来提高敏捷性？

"

在传统企业，拥有大量资产、掌管众多人力的管理者才是企业里的重要人物。管理者掌管的事业规模越大，薪酬便越高，职权也越大。事实上，"大即是好"的思维定式，在瞬时优势环境中极为致命。塑造组织的运行模式，关键在于资源的配置过程。以瞬时优势为导向的企业，则通过资源配置来提高敏捷性，这种敏捷性是从容迅速地重组并更改企业流程的能力。

THE END OF
COMPETITIVE
ADVANTAGE

学术研究得出可靠的结论：如果想塑造组织的运行模式，关键在于资源的配置过程。在充满瞬时优势的世界里，蓬勃发展的企业与致力于获利的企业，二者处理资源的方式并不一样。在以获利为导向的企业里，可靠的绩效和规模，以及过程复制都极具意义，因为这样可以更有效地运作，并获取规模效益。因此在这种情况下，资源配置是为了实现这些目标，而改变资源流动便会痛苦而艰难。另一方面，以瞬时优势为导向的企业，则通过资源配置来提升灵活度。我所说的灵活度，是指从容迅速地重组并更改流程的能力。

一般的企业，资源通常由现有的主导产业，以及主导上一代竞争优势的权威人士所控制。这就意味着，新机遇出现后，即便能够留存，也往往是被生拉硬拽进现有的组织结构里。在追求瞬时优势的企业里，资源由一个完全独立的管理机制进行配置。此外，企业还会建立能够适应新机遇的组织结构。一般的企业，其所作所为都是为了从现有资产中，尽可能多地获取营运利润。而在追求瞬时优势的企业里，员工会意识到资产的有效生命不同于计算寿命，并采取措施淘汰已丧失竞争优势的资产，而不会等到迫不得已时才将其淘汰。这些企业明白，他们拥有的不是净现值计算里的"终值"（terminal value），而是"资产负债"（asset debt），也就是为了让总资产维持最佳竞争力而必须进行的投资。一般的企业要进行资源配置，采取的思维模式是资本预算，由于期望获取巨额回报，投资往往变成无底洞，只有投入却毫无收益。而在以瞬时优势为导向的企业，资源的使用却十分节约，只有在某概念被证实可行后才会进行投资。最后，一般的企业认为，资产所有权最为关键，因为在过去，拥有资产就可以创造市场，进入壁垒。而注重瞬时优势的企业却意识到，如今取用资产的能力比实际拥有资产更为重要，因为如此一来，就不必固守某个路线，企业业务和规模便更为灵活。并且，在许多情况下，资源一经使用，拥有资源的优势便不复存在。表4-1总结了这些差异。

表 4-1	新战略手册：资源配置
过去	**现在**
资源由业务部门控制	资源由中央统一管理
将机遇生拉硬拽进现有组织结构	根据机遇调整组织结构
尽量延长资产生命周期	积极主动淘汰老旧资产
终值	资产负债
资本预算思维模式	实物期权思维模式——成本可变，投资灵活
投资密集型战略举措	节约至上
所有权是关键	资产取用是关键
自我构建	利用外部资源

资源不是"筹码"，夺回管理权

我在第 2 章和第 3 章中提到，瞬时优势有一个核心含义：对某一个行业有利的，不一定对企业也有利。在传统企业里，拥有大量资产、掌管众多人力的人，才是企业里的重要人物。多个系统均强化了这一观点，比如合益集团（Hay Group）薪点配置系统（point allocation）。根据这一系统，管理者掌管的事业规模越大，薪酬便越高，职权也越大。事实上，最近我在与一家大型出版公司的人力资源主管交谈时，他表示，这种人才评定方式正是阻碍企业变得更为灵活的最大障碍。"大即是好"这种思维定势，在瞬时优势环境中极为致命。如果管理者认为，从现有优势中转移出资产或人力，会有损他们的职权、权力基础等利益，便会全力维持现状。

索尼的例子便是一个警示。索尼将自己在便携式音乐的主导地位拱手让给了苹果，把在等离子、LED 等显示技术领域的领先地位让给了其他公司。如今，在触屏设备等前沿技术领域都鲜少见到索尼的身影。一位内部人士告诉我："索尼是被自己的竞争优势困住了。他们想要保护自己的技术。有消费者问索尼前 CEO 出井伸之（Idei Nobuyuki），索尼为什么不生产等离子或高清电视时，他总是回答说，特丽珑是更高超的技术。"他们只觉得自己技术高超，却不考虑消费者到底想要什么。事实上，早在 2003 年，观察人士就已指出索尼存在"内讧"危机，因为索尼内容部门与硬件部门的目标存在分歧，却没有人出来调解。

要在瞬时优势环境下开展竞争，一个关键条件在于：**资源不能由某个**

业务部门进行配置，而应该有一个不受各业务部门控制的资源管理流程。
前文提到，印孚瑟斯高级副总裁普罗海特收回没有被充分利用的资源，这
非常了不起。从当权者手里夺回管理权十分不易，但为了避免组织利益被
领导者中饱私囊，夺回管理权是绝对必要的。威科集团从现有商业模式向
数字模式转型过程中，南希·麦金斯特里所使用的一个关键手段，就是控制
资本配置过程。我问她，对行业中正面临企业大规模转型的其他 CEO 有什
么建议，她说："我的建议就是，关注资本配置。"

用不可转让旧资产提高效率

要把握新机遇，企业需要对组织结构进行重组，同时也要处理那些与
现有结构紧密相关的资产。大多数情况下，这些资产仍对企业十分重要，
只是它们已没有机会发展。这里强调的原则是：**尽可能多地从这些活动中
提取资源，因为这些资源已经不可能再生成机遇，甚至可能成为企业灵活
发展的阻碍，因为它们经常保留老旧流程，支持商品化。**打破促成旧有优
势的奖励体系、流程、程序、结构和网络等，不会偶然发生，需要实质性
的领导。比如，IBM 公司不再销售并支持 OS/2 操作系统，并终止个人电脑
业务，就可以腾出资源、时间和精力把握新机遇。

对旧有资产要保持战略警觉，否则其腐蚀的部分可能会侵袭整个企业。
在过去的研究中，我提到过一些一度很诱人的产品及服务，最终都成了企
业的标准配置。也就是说，消费者期望从所有商家那里得到的东西，其实

都差不多。而尴尬之处在于，这些东西往往都是些昂贵的筹码，如果商家不予提供，就会惹恼消费者；但若是提供，即使做得非常好，对提高企业竞争力也毫无用处。有线服务网络稳定，酒店房间床铺整洁，汽车启动顺利，餐厅根据点单上菜、结账准确无误，这些事情做起来并不容易，但又不得不做。它们不会增加利润，也不会扩大市场占有率，因此，要提供这些服务就要降低成本。当诱人的产品变成不得不提供的服务，就需要改变使用这些资产的方式。

是时候介绍一位从现有资产中成功攫取每一份生产力的铁腕专家了。1997 年，史蒂夫·乔布斯回苹果公司重掌大权，迅速将世界一流的运营技能应用到制造业、财务和后台领域，令所有人为之震惊。事实上，有许多方式可以使那些大同小异的业务变得更为简洁高效：

◆ 第一，将这些业务集中在共享服务模式下，避免在许多地方重复同样的业务。

◆ 第二，创造绝对标准化的流程，而不必继续支持几十种大相径庭的做法。

切记，尽管高度量身定制在行业内很常见，但有些活动并非为了追求竞争优势，因此这并不合理。简化流程，比如取消人工交接，实现部分自动化或部分流程自助化，可以进一步节约成本。当然，外包也是可行的方式，尤其是在该业务并非竞争机密的情况下。比如，泰国两家电信运营商，CAT 电信公司（CAT Telecom）与 TOT 公共有限公司（TOT Plc）计划合并无线 3G 网络。既然运营网络不再具有竞争优势，为什么不一起分担这些必备的产品成本，单纯在服务方面开展竞争呢？电信巨头爱立信公司利用这一想法，为用户提供网络服务，并提供对其公司而言并无区别的技术。

淘汰老旧资产提升竞争力

终将有一天，你需要决定将大多数老旧资产全部淘汰。要说明这一过程，不妨看看埃森哲咨询公司首席信息官弗兰克·莫德鲁森（Frank Modruson），看他是如何在 10 多年间系统性地替换老旧资产的。莫德鲁森个性冷静，考虑事情非常周全，说话前都会深思熟虑，看起来不像是会作重大变革的人，但他给埃森哲 IT 部门带来的改变却颇具革命性。正如他自己所说，大多数公司的老旧系统就像"混凝土做的鞋子"，与瞬时优势所需的灵活架构完全背道而驰。

与其他商业资产一样，信息系统也会贬值。随着时间的推移，他们最终会过时、陈腐，最终被淘汰。问题在于，企业的重要信息均存留于这些系统中，因此，如果要对它们进行替换或更新，就容易造成信息丢失，而且费用也颇为高昂。另外，与厂房和设备等有形资产不同，人们很难把握信息系统何时不再具有竞争优势。结果就是，信息系统常常通过零碎补丁来维持运作。首席信息官通常无法获取更换系统的资源，只能获得修补系统所需的资源。尽管从短期来看，这样的状况不是很危险，但由于老旧系统会使旧的组织结构和运营方式更加根深蒂固，所以持续使用老旧系统，会阻碍企业进行重组，从而无法提升灵活度。

我们刚才谈论的是计算机系统，这种逻辑可以套用在任何老旧资产类型中（见图4-1）。下图显示了从20世纪60年代至今，每10年间资讯技术的演变。20世纪60年代只有大型计算机，每个企业有各自单独的计算平台，没有网络连接，人们通过磁带、磁盘等工具共享信息；汇编语言和COBOL语言是主流语言；数据均存储于IBM早期用以存储资料的虚拟存储读取记忆档案中；电话需要交换台转接。随着时间的推移，新科技更先进，价格更低廉，操作方式愈发多样，这些问题也随之解决。

掌上电脑和智能手机等大众化设备，已经取代了很多以前只有大型计算机才能解决的计算任务。其他技术领域也是如此。从1980年起，无线电频率识别（RFID）、LED灯、LCD灯、24小时自动取款机、DNA测试、磁共振成像机、心脏支架、转基因食品、生物燃料等新技术都比以往更具优势，代替了过去的解决方案。

那么问题来了，由于升级成本极高，大部分企业会选择尽量维持老旧资产的运转，导致企业对技术进行反复修补，生产效率低下。以IT行业为例，首席信息官常常一边思考如何将iPhone、统一通信方案、云计算方法进行整合，一边祈祷公司最后几位COBOL工程师不要退休、不要带走系统的运作方式。这些企业就像前文提到的纺织品生产商美利肯公司一样，想用20世纪60年代的设备运行今天的业务。

反复修补的结果可想而知：公司的IT基础架构变得极为复杂，维修成本越来越高，越来越难以满足产业发展需求。技术丧失了促进作用，反而成为绊脚石。这个道理不仅在IT行业极为明显，对其他类型的资产也同样适用。

	20世纪60年代				21世纪第一个10年
电脑基础设施	大型计算机	微型计算机		个人电脑、笔记本电脑	掌上电脑
电脑平台	每个公司一个	每个地区一个	AS/400 每张桌子一个	每人一个	随处可见
网络	磁带、硬盘	硬线连接	公司网络	局域网、互联网	广域网、无线网
电脑语言	汇编语言、COBOL 语言	汇编语言、COBOL 语言	FORTRAN、PL、Pascal	Visual Basic、Perl、JavaScript、C 语言	网络语言
数据	VSAM	信息管理系统	关系数据库	万维网	云
电话通信	很少；经由交换台转接	用户交换机(PBX)	第一部手机出现	手机开始普及	VoIP；公司语音信息消失

图 4-1 信息技术行业内的科技发展

在埃森哲咨询公司，莫德鲁森和时任 CEO 威廉·格林（William D. Green）认为，一个企业如果想成就卓越，就需要世界顶级的的 IT 基础设施，需要主动淘汰旧有的 IT 资产，尽管这非常艰难。图 4-2 显示了埃森哲咨询公司当前正在使用的系统，请注意它们是如何淘汰 20 世纪 60—80 年代的技术，而只留下比较现代的资产的。莫德鲁森将 2000 年以前的所有资产全部淘汰。试问，如果你为自己的公司制作一个类似的资产、流程和技术图，这张图会在多大程度上跟图 4-1 或 4-2 相似呢？

2000 年，埃森哲作为一家独立的上市公司成立，其 IT 业务也随之开展。埃森哲拥有 2 100 个应用程序，包括 600 个全球程序和 1 500 个本地程序。结果由于对同一信息，不同的系统会生成不同的视图，因此人们对待同一数据会产生不同的观点，这导致公司很难及时并准确地作出决定。

最近，莫德鲁森总结了公司积极淘汰旧有资产的结果之后，他告诉我："现在，600 个全球应用程序已缩减到 247 个，1 500 个本地应用程序仅剩 242 个。埃森哲咨询公司首个应用程序始于 1999 年，至今还在处理数据，我们在 2012 年将其淘汰。"那么，积极地淘汰旧有资产真的可以使公司更具竞争力吗？答案是肯定的。埃森哲 IT 部门的收入比例已降至行业标准以下，但公司员工的数量却增至原来的 3 倍以上。

另外，由于新系统的设计是用来支撑当今战略的，因此埃森哲成功提高了迅速应变的能力，这在提高企业敏捷性方面是一个很大的收获。

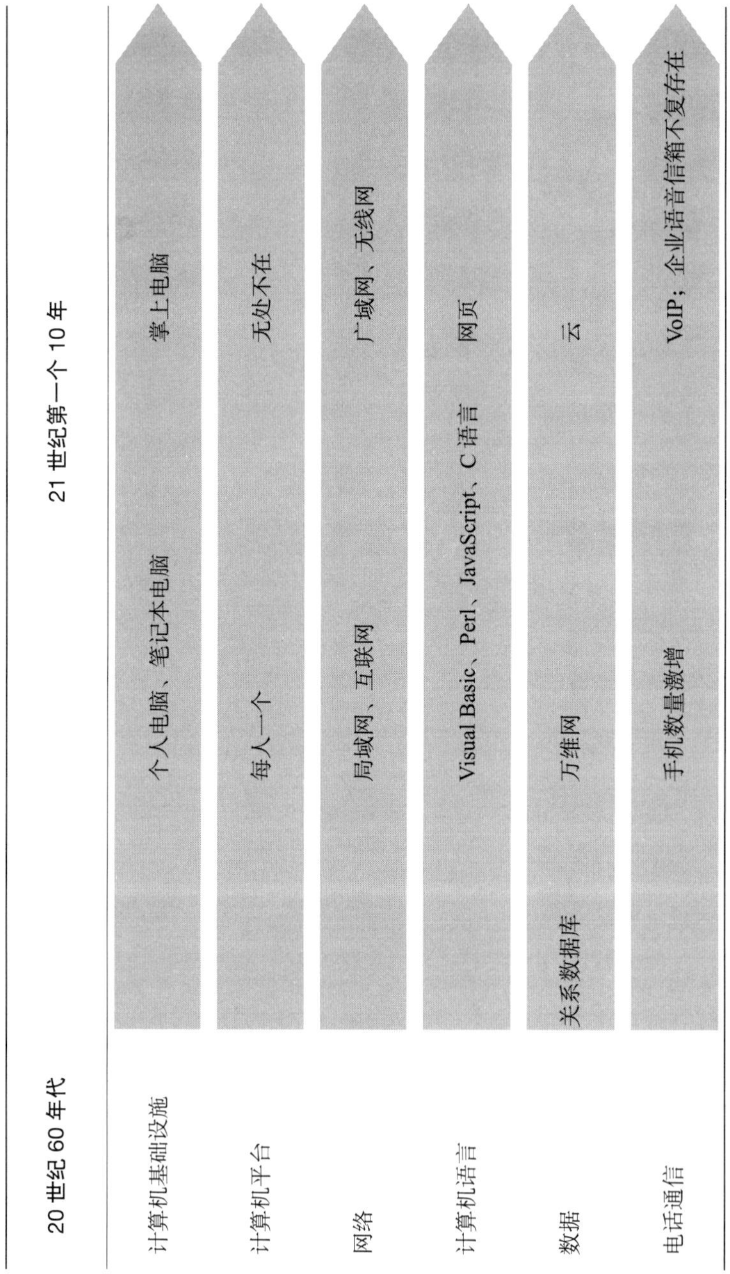
20 世纪 60 年代
21 世纪第一个 10 年
计算机基础设施
个人电脑、笔记本电脑
掌上电脑
计算机平台
每人一个
无处不在
网络
局域网、互联网
广域网、无线网
计算机语言
Visual Basic、Perl、JavaScript、C 语言
网页
数据
关系数据库
万维网
云
电话通信
手机数量激增
VoIP；企业语音信箱不复存在

图 4-2　舍弃过去

埃森哲公司如何释放资源

前文提到，资源由某个部门掌控作为筹码，这对企业来说是致命的，需要从既得利益者手中夺回控制权。埃森哲咨询公司所采用的应对机制是，建立一个由各业务部门 COO 和 CEO 组成的 IT 指导委员会。莫德鲁森制订了一个基本原则：只有各业务部门的最高层成员才有资格参加会议。有一次，一个副总裁托辞无法参会，问是否能找人替他开会。"不行，"莫德鲁森回答说，"不过如果你请得动你的上司，可以请他来。"令人吃惊的是，副总裁的上司确实出席了会议，并在会上提出了颇有价值的深层次观点。莫德鲁森向我解释，任何削弱 IT 指导委员会重要性的举措，都会影响他们对于某业务政治和需求的管理能力，也无法满足个人需求。

莫德鲁森遇到过更棘手的会议。有一次，IT 指导委员会决定不资助上司看重的几个项目。"什么？我的项目被砍掉了？有没有办法让它们重新获得资助？"上司问道。"当然有，"莫德鲁森说，"如果我们投入更多资金，今天没过'门槛'的项目说不定就能复活。"最后，不仅是上司看重的项目预算增加了，所有与重点项目一起筹备的项目的预算都有所增加。埃森哲的管理体系和调整体系十分公正，这对资源重新配置至关重要。

IT 行业存在特有的设计原则，因而会出现"门槛"制度，但这一决策流程适用于任何老旧资产。在埃森哲的案例中，公司重视整合、集权化和标准化，减少应用程序的数量，并为每个给定的数据片段建立单一实例。正如前文提到的印孚瑟斯公司，规定真相只有一种，便可以使谈判更透明，更简洁，耗时更少，完成任务更简单。莫德鲁森告诉我：

> 我们不再浪费时间做冗长乏味的讨论。整个埃森哲公司，财务系统只有一个，计时与费用系统只有一个，人力资源系统也只有一个。这会带来两点好处：首先，系统数量减少，系统运行成本就会下降；其次，也是更重要的一点是，信息质量有所提升。

对于埃森哲的 IT 部门而言，一个较大的好处在于，通过让所有员工获取核心信息，每个业务部门都可以处理自己的信息需求，而不必寻求 IT 部门的帮助。如此一来，提高 IT 部门生产力的同时也减轻了它们的负担。

将印孚瑟斯与另一家跨国公司做对比，为避免尴尬，我不会透露这家公司的名称。每次这家跨国公司的 CEO 准备会见其他公司的 CEO 时，下属都得花 4 天时间去搜集、整合所有涉及两家公司关系的信息，因为这些数据分散在各个系统和表格中，有些甚至存在于记忆里。莫德鲁森告诉我，在印孚瑟斯，这项任务非常简单，几分钟就能解决。试想，在瞬时优势环境下，这件事对埃森哲来说将有多大益处，对那家跨国公司而言又有多大的劣势。

什么是资产负债

莫德鲁森自创了"技术债务"（technology debt）一词。也就是说，如果想将技术维持在一个良好的状态，以支撑企业竞争力，就需要对其不断投资，且主动淘汰老旧资产。我将这一概念延伸，并套用到企业所能拥有的一切资产上。我们都知道，桥梁、道路和隧道等设施，如果不经常维护，最终就会坍塌。这里的重点是，资产的使用寿命与计算寿命可能不同，使用寿命通常较短。可以将用作更新资产的预留资金，设想为企业需要提供的退休基金或其他义务基金。这种想法推翻了基于净现值的传统逻辑，这一逻辑认为，即使资产的使用寿命已经结束，资产还具有终期值。不过事实并非如此，**企业所要考虑的应该是不断投资，以更新老旧资产。**

今天，埃森哲咨询公司仍在延续其投资模式。21世纪的第4个5年，公司主要项目包括应用程序合理化、更换内部网络、数据中心合理化以及数据中心虚拟化投资。例如，埃森哲对网络进行改造，创建一个成本效益颇高的视频会议网络，该网络不但使合作更为便捷，还有积极的二阶效应，能够减少咨询顾问的路途奔波。

企业适应机遇，而不是相反

调整预算等经济资源，是提升企业灵活性的一种重要手段。同样，改变企业内部的权力结构也有类似效果。前文介绍了印孚瑟斯等超凡增长企业，通过主动改变内部结构，释放增长潜能的方法，并指出，企业长期保持现有结构会产生惰性，进而无法适应新机遇。正如百思买（Best Buy）前CEO布拉德·安德森（Brad Anderson）在2009年世界经济论坛上所说的："企业也有自己的习惯，有时即便会灭亡，也要死守这些习惯。"打破这些习惯往往需要结构性变革。

企业结构阻碍自身发展的一个显著标志，是因无法妥善处理机遇而错失良机。关于这点，我曾在杜邦公司有过亲身经历。当时杜邦开展了一项重大计划，正如前 CEO 查德·霍利迪（Chad Holiday）所言，这项计划旨在"从知识中获得收益，即所谓的'知识密集型增长计划'"。杜邦公司过去的商业模式，是以咨询或建议的形式向用户售卖知识。霍利迪认为，公司应该开始对为用户创造的价值收取费用，即使这种价值来自服务而非产品。对于有 200 年历史的杜邦公司来说，这是一次巨变。

过去，杜邦公司由许多"战略业务部门"（SBU）构成，每个业务部门的主管只对自己部门的资产、销售和营销等方面负责。当时，杜邦知识密集大学（Knowledge Intensive University, KIU）执行董事鲍勃·库珀（Bob Cooper）和包括我在内的几位学术界人士组成了一个团队，对杜邦公司具体的发展机会进行分析，也正在这时我们才恍然大悟：几乎所有发展良机都落不到任何一个战略业务部门头上。战略业务部门的领导们缺乏动力，不愿与其他部门合作，也不愿推行新的商业模式。为解决这个问题，杜邦公司进行了大规模重组。杜邦想到的解决方案是建立"增长平台"，无论资产和人力位于哪个部门，每个平台都专注于一个特定的大领域。埃伦·库尔曼（Ellen Kullman）时任"安全和防护"平台主管，负责探索新型商业模式，打破旧战略业务部门的限制。万事开头难，库尔曼告诉我变革之际的情形："我花了很长时间喋喋不休地劝说别人。"最终，她取得了令人瞩目的成就。2004—2008 年，安全和防护平台的收入创纪录地增长了 64%，她也因此出任杜邦公司 CEO。

特拉循环公司用创业思维获得资源

初见规模的企业往往倾向于把巨额资金押在新的想法上，即便他们并无把握，也俨然一副成竹在胸的架势。一种不幸的结果是，当事情没有按预期发展时，企业往往选择硬撑下去，因为沉没的成本太高而无法舍弃，这反过来又导致企业付出更加惨痛而昂贵的代价。大量失败案例为我们提供了前车之鉴，比如早年的"铱星计划"，灾难性的收购行为使公司破产；美国在线公司（AOL）以 8.5 亿美元收购社交网站 Bebo，最后经营失败。因此，**在这个不确定的环境下，只在变数减少后进行投资的方法更有效，这也是选择推理的核心原则。**

创业公司往往因缺乏足够的资源，只能以精益节俭的方式经营。麦克米兰曾说："创业公司在花钱之前肯定会先花心思。"因此，他们沉没成本少、办事效率高、学习速度快，从而敏捷性更强。前文中，我们在介绍超凡增长企业进入、退出行业的方式时，提到的"投石问路"与这一点极为相似。通过研究大型企业如何利用资产与资源，可以获得资源配置的宝贵经验，特拉循环公司（TerraCycle）和安德玛公司（Under Armour）就是两个典型案例。

特拉循环公司成立于 2001 年，创始人汤姆·萨基（Tom Szaky）和乔恩·拜尔（Jon Beyer）都是普林斯顿大学的新生，当时他们想知道将废物制成堆肥，在新兴的有机产品市场会怎样？据说，他们的加拿大朋友用红蚯蚓的排泄物作为肥料，在家中种植大麻而且大获成功，于是，萨基和拜尔便大受启发。他们灵光一现，构想出一种商业模式：

用残羹剩饭等可降解垃圾作为蚯蚓的饲料，然后将它们的排泄物（为吸引公关，他们总是将之称为"虫便便"）制成优质有机肥料。虽然他们在一场商业策划比赛中铩羽而归，但仍然创建了公司。

特拉循环公司是一家典型的低成本创业公司。他们从普林斯顿大学的食堂收集可降解的剩饭和空瓶子作为原材料，并搜集学生们期末丢弃的家具。这家公司最初的投资约 2 万美元用于购置转换设备，资金由天使投资人赞助。公司地址位于新泽西州首府特伦顿市（Trenton）较为偏远的地段。起初，他们找到做绿色生态的专业网站进行宣传。他们没有选择付费广告，而是设计了一种十分有效的流程，免费宣传。如今这些免费广告估值约 5 200 万美元，其中包括参加美国国家地理频道的电视节目《垃圾大王》（Garbage Moguls）。最终，特拉循环公司拓宽了业务，向沃尔玛、家得宝（Home Depot）等大型零售商销售有机肥料。2007 年，总收入 27 亿美元的园艺品牌美乐棵公司（Scotts Miracle-Gro）认为，这家总收入只有 140 万美元的小公司对自己构成了威胁，于是递交 173 页的诉状将其告上法庭。这场"四两拨千斤"的战斗成了免费广告，特拉循环公司一战成名。诉讼最终得以和解，然而宣传效果却是无价之宝。

在真正进行选择时，特拉循环公司一直坚持资源配置的灵活性。萨基在其关于该公司的书中提到：

我们无法预测或规划公司如何发展，因此它才能拥有今天的成绩。其中的诀窍是要时刻关注商机，一旦发现与核心任务相符的机遇，即使还没有思虑周全，也要立即抓住它。

如今，特拉循环公司依旧经营环保业务，同时也将其运营拓展到肥料之外的广阔领域中。公司的业务已经"升级"——包装等副产品已经转变为新产品，并为大型品牌营销商提供绿色服务。公司在全球范围内迅速扩张，在巴西等许多地区设立了办事处，立志在环保领域发展成为价值数十亿的企业。

关注瞬时优势的企业，无时无刻不在践行着一个原则：**保持绝对的资源节俭。重点是要在销售获得现金盈余之前，尽量将投资压到最少。**特拉循环公司创始人汤姆·萨基的故事就是例证。另一个案例是安德玛公司，我们将在下文中讨论。

安德玛公司，节约资源的典范

20 世纪 90 年代初，凯文·普兰克（Kevin Plank）曾效力于马里兰大学橄榄球队。他富有激情，体型彪悍，让人望而生畏。2010 年我见到他时，他与队友乔丹·林格伦（Jordan Lindgren）共同创立的安德玛服装公司年收入已近 10 亿美元。在与耐克和阿迪达斯等同类品牌的激烈竞争中，安德玛立于不败之地，并始终以稳定的速度增长。公司拥有 2 000 多名员工，而且是节约运用资源的杰出典范。

安德玛最初的产品设计灵感来源于普兰克作为运动员的自身经历。那时，运动员的 T 恤多为棉质布料，经过一场艰苦训练之后便已湿透，不但穿着不舒服，还影响训练。但是他穿的合成纤维压缩紧身短裤却依旧干爽。

受此启发，他打算寻找一种方法能让 T 恤与合成短裤一样吸湿排汗，干爽舒适。虽然普兰克自身并未发明这种面料（美利肯公司在这方面做了很多工作），但是他构思了这种新型运动装。

安德玛公司在创办之初就是节约资源的典范。1996 年，普兰克的大部分时间都在他的"福特探险家"牌汽车上度过，他开车跑遍了大西洋海岸联盟所有运动员的更衣室。他亲自与运动员、设备管理员，以及其他有服装采购权的人们交流。球员这一身份能使他获得这些人的信任，加上他可以清楚地阐释自己的产品为什么更好，这样便使他的产品显得尤其与众不同，沟通也变得容易。"让运动者有更好的表现"这一口号始终显示在该公司的网页上，自普兰克最初获得这一灵感到现在从未改变。

普兰克巧妙地利用自己在大学橄榄球队的忠实追随者，将业务扩展到职业运动员群体，最终将产品定位在受人尊敬的知名的公众人物身上。事实证明，他特别擅长用微小的代价换取高影响力的关注。比如，普兰克曾赠送样品给奥利弗·斯通（Oliver Stone），于是在其电影《挑战星期天》（Any Given Sunday）中便出现了安德玛品牌。这部电影中威利·比门（Willie Beamen）的扮演者杰米·福克斯（Jamie Foxx）有一处特写，特写中他穿的正是安德玛紧身裤。安德玛公司成功地将自身塑造成运动服饰领域的佼佼者。

如今，安德玛市值已超 10 亿美元，且在业界一直保持领先地位，不过，他们已经意识到情况可能会发生改变。贴在产品设计部大门上的标语"我们还没有设计出最能代表安德玛的产品"使气氛颇为压抑，但它也表明，公司已经清楚地意识到优势是转瞬即逝的。

THE END OF COMPETITIVE ADVANTAGE | **瞬时竞争实践**

安德玛的预算模因论：捍卫阵地

因为普兰克在人力上完全不占优势，因此他必须用较少的人力完成更多的工作。他雇用了几十名大学生和职业运动员作为非正式营销人员。"试试吧，"普兰克对他们说，"如果喜欢，就送一件给你隔壁储物柜的家伙。"

2003 年，安德玛在电视上投放了第一支广告，营销总监史蒂夫·巴蒂斯塔（Steve Battista）宣称，要让广告的效果远远超越其播放的 30 秒。广告中，橄榄球队的所有队员围绕着普兰克的前队友，达拉斯牛仔队（Dallas Cowboys）防守边锋埃里克·欧博古（Eric Ogbogu），他大喊着，"我们必须捍卫阵地！（We must protect this house!）"仿佛赴一场生死攸关的战役。

这支广告的反响符合每位市场营销员的期待——他们收到 5 万多个来自运动员、教练甚至球队经理的电话和邮件。一些消费者寄来他们自己的故事，以及录着他们在比赛中呐喊，甚至是在销售会议现场高呼"捍卫阵地！"的磁带。"捍卫阵地！"这一标语也出现在美国国家橄榄球联盟（NFL）的体育场上。娱乐与体育电视网（ESPN）著名主持人斯图尔特·斯科特（Stuart Scott）和大卫·莱特曼（David

Letterman）也引用过这句话。"捍卫阵地！"就像耐克的"想做就做"

（Just do it）一样，成了安德玛品牌的代名词。

该报道摘自 2005 年 8 月 1 日刊，美国《快公司》（Fast Company）杂志。

使用但不占有资产

资产强度曾一度成为许多企业的准入壁垒。企业如果想具备竞争力，就必须投入大量资金建设资产，这样，外来公司就很难与之匹敌。而如今，这种情况在许多行业已发生重大改变。假设我向你提出以下挑战：在不投入任何自有资产的情况下，成立一家能与《财富》500 强公司正面交锋的企业。这一假设在 30 年前显得十分荒诞，但在今天却完全可行。现在，越来越多的情况是，一方付费获取另一方资产的使用权，而非拥有该资产。

面对我提出的挑战，你会如何应对？你会觉得这一过程更像是制作电影、进行政治竞选，或是举办奥运会，而并不符合目前大多数企业的运营方式。你也许会找到像创见（Innosight）或美国策略通（Strategyn）等创新公司，请它们帮助细化业务参数，确定运营模式。你可能需要 oDesk 这样的外包服务中介帮助完成编程和技术工作。对于那些人性化但操作简单的工作，你可以借助亚马逊的众包平台"土耳其机器人"（Mechanical Turk）来完成，并依据任务量支付薪水。此外，亚马逊还可以提供大型计算能力服务，所以你无须自建服务器。还需要专业人才？Guru.com 可以随时在线提供成百上千名高素质专业人才。美国意诺新公司（InnoCentive）可以提供"解惑者"（solvers）网络，帮你解决具体的技术问题。雷格斯商务咨询有限公司（Regus）还能为你提供灵活多变的办公空间。担心雇员问题？当 Skills Hive 或德科集团阿第克（Adecco）等公司能完全按照你的需求提供专业人才时，你真的还需要雇用员工吗？竞争步伐会使人对企业和资源之间的联系产生完全不同的看法。

"使用而不是占有资产"这一理念之所以越来越受欢迎，是因为在竞争不确定的情况下，它允许企业迅速调整结构和资产。事实上，越来越多的迹象表明，许多 CEO 正尝试在不断扩大的各个经济领域中采用这一做法。他们整合必要资源以应对具体任务或问题，当任务完成后，便解散团队，转向下一个任务。如今，亚马逊等公司提供的按需计算能力服务、即时利用的低价工厂，以及允许任何人成为一名技能高超的机械师或制造商的技术，都可以随时使用而无须真正拥有。我们逐渐发现，代表企业长期利益的核心人物，如领导者或长期员工可以指导其他临时组建的人群，让他们为自己工作。

你能从临时雇用的数据中看出这一趋势。雇主越来越青睐临时员工，而非全职员工。这似乎并不是导致经济萧条的唯一因素。《纽约时报》引用劳工部的统计数据，对比经济萧条时期，三个不同阶段新雇临时工的比例（见表 4-2）。

表 4-2　　　　　　　　　临时性工作发展趋势

经济复苏时期	临时工比重
1992—1993	11%
2003—2004	7%
2009—2010	26%

我们身边有许多临时性或"可自由处置"的组织形式,它符合快速成型、迅速把握机遇和快速退出市场的战略需求。在零售业,这种临时性的快闪店可以申请注册并试运行,而不受长期租约的牵绊;甚至在制造业,以前在设备模具的制作流程中所需的锻造技术、精密仪器和熟练技艺,如今都可以通过数字化处理来迅速获取。快闪店也使一系列按需制造的企业在没有固定工厂和设备的情况下,试卖新款实体产品,检验新产品理念的可行性。这些公司可以从无线 T 恤公司(Threadless)订购 T 恤,通过 Ponoko 网络服务平台从新西兰订购成品,在自助出版网站 Lulu 订购出版物,也可以在 Spreadshirt 平台定制潮流时装。快闪店可以为没有固定资产或拥有大量前期投资的公司提供小批量产品。而且,快闪店的商业模式通常是,在消费者购买商品之前,他们和快闪店之间没有任何现金交易。而消费者一旦购买了商品,快闪店就即刻受益。

此外,大批可以模块化处理或海外的外包工作也是按这种方式处理的。无论是读取放射性扫描结果,还是浏览法律文书,企业在减少人力投资的过程中,都试图通过外包的方式为所有工作寻找更为廉价的完成场所。当然,将呼叫中心管理、计算机网络管理和非核心任务处理等工作外包业去的方式由来已久。关键在于，你无须拥有资产就可以享用这些资产的效益，与之相似的一种理念是：**你可以引入外部资源为你所用，而不需要完全依靠自身的力量建立产业生态系统**。但是，一个令人不安却又悬而未决的问题是，尽管增强灵活性能帮助企业应对优势转瞬即逝的问题，但很多人从没想过要承担就业不确定性带来的负担，而我们还没有想出一些人性化的方法，去处理这种模式的社会适应性问题。

瞬时竞争实践

按需就业是未来的工作模式吗

关于这个话题，Skills Hive 的创始人迈克·奥查德（Mike Orchard）在我的一篇博客中回复道：

去年，我在英国创建了 Skills Hive 网站，旨在让更多人和企业意识到新兴就业模式的巨大潜能。虽然当下很多人倾向于信赖单一雇主提供的工作担保，但我认为，会有越来越多的人愿意承担风险，就养老金和医疗保险服务作出自己的选择。新兴工作模式的受益者绝不仅仅是雇主一方，显而易见，各方都能获得更多的掌控力和灵活性，而这正是在瞬息万变的世界中取胜的关键。就个人而言，我非常认同英国青年企业家布莱德·波顿（Brad Burton）的看法"找工作就像做生意，如果你只有一个顾客，那岂不是很愚蠢！"

　　我还收到了高端技术设计与开发公司 Gear Stream 的一位高管布莱德·墨菲（Brad Murphy）的回信：

　　工作的本质正在改变，很多人忘记了"工作"是基于工业革命时期，由雇主—奴隶模式发展而来的相对较新的现象。值得庆幸的是，这不会是未来的工作模式。我们正在经历的全球化转变可能还需要 50 年才能完成，但最终的经济成果必定会令人兴奋。勇敢且有远见的人将在这段过渡时期为未来做好准备。我希望 Gear Stream 能够建立一种惠及个人、企业主、股东及环境在内的所有利益相关者的新型可持续工作模式，从而开创更美好的未来。

　　尽管这些观察结果都很乐观，但很显然，对员工而言，按需就业存在很大问题。对雇主来说，员工流动性太强会造成巨大变数。据《纽约时报》报道，零售业等行业已发生巨大变化：

　　"近 20 年来，业内许多主要零售商雇用员工的比例已经从全职员工占比 70%～80%，发展到兼职员工至少占比 70%。"美国零售业咨询公司战略资源集团（Strategic Resource Group）总经理布尔特·弗利金杰三世（Burt P. Flickinger III）如是说。这导致员工无法预测工作时间，工作时长少于预期，福利受损，可预期性丧失。这使他们很难维持稳定的家庭生活，自由支配他们的时间。

　　该报道摘自 2012 年 10 月 27 日刊，《兼职员工的生活：工作时间缩水和轮班制》（A Part Time Life as Hours Shrink and Shift），《纽约时报》。

利用外部资源，而非单打独斗

有时，一家公司可以通过与另一家公司联合，快速获取所需的关键资源，从而迅速发展。宝洁公司就是一个典型案例。宝洁重点实施"联发"策略，先从规模较小的企业中收集创新方案，然后利用自身的影响力和规模，完善方案并迅速投放市场。另一个案例是埃森哲咨询公司，它们联合众多技术领导者和创新者，与自身行业知识和规模化运营技巧相结合，获得极大发展的同时，也成功建立了外部能力。

埃森哲的一个令人印象深刻且较为成功的案例，是它在 2000 年和微软联合创建的合资企业埃维诺（Avanade）。伴随埃森哲向技术服务公司跨越的非常举措，主要基于微软技术且能够提供多种服务的埃维诺应运而生。2000 年埃维诺宣告成立，第二年便将业务扩展到 10 个国家，并拥有 120 个大型目标客户，拿下了 150 个项目，真正成为一个国际化创业公司。截至 2010 年，埃维诺已拥有 11 000 名员工。10 年来，这家公司完成了几百个客户的数千个项目，销售额达 10 亿美元。

当企业决定要投资某项资产时，我们更强调在出现情况变化时，这些资产要能得到分散处理和重新配置。也就是说，**与其为某个机遇优化资源配置，不如选择可以敏捷重置的资源。需要注意的是，不要投资那些后期可能形成退出壁垒的资产，这一点也很重要**。这些壁垒包括：迫使企业重新投资资本或资产的因素、与其他企业建立过多联系并产生依赖、高度垂直整合、对大量利益相关者（工会或政府等）的承诺、业务规则书面化，以及在满足客户需求过程中隐藏的陷阱（如洪水保险或自动取款机）。**通常，在瞬时优势的环境里，放弃优化某些资源，转而创造敏捷性优势是更好的做法。**

本章的核心观点是：**要创建一家能够敏捷应对瞬时优势的企业，把控资源分配的过程是不二法宝。**我们已经从逐渐消失的优势中获取了资源，现在正是利用它们创造新优势的时候，这也是创新流程所要完成的任务，我们将在下一章中展开讨论。

"

THE
END OF
COMPETITIVE
ADVANTAGE

05
培养创新能力，
瞬时竞争优势的核心

在优势转瞬即逝的世界里，创新不可或缺。创新不是副业，也不是领导者的爱好或是一时流行的风尚，而是需要专业培养和管理的竞争力。当下，创新与高效战略密不可分，企业应如何从零开始培养创新能力？

"

如果想让创新获得正向的结果，就必须持久而系统地进行创新。领导者要为创新设立经常性预算，将创新融入优秀人才的职业发展规划中；要积极整合业务，达到创新与核心业务的平衡；还需要将创新融入企业流程中，保证重大事务的开展。

THE END OF COMPETITIVE ADVANTAGE

托马斯·霍布斯（Thomas Hobbes）曾绝望地用"卑污、野蛮、短寿"来形容人类的处境。在许多企业里，创新的境况也如出一辙。根本问题在于，在以追求剥削为主导的世界里，创新流程不过是一种娱乐消遣，但也有可能成为致命威胁。创新流程如果不健全，一旦被竞争对手迎头赶上，企业肯定难保优势。因此，你应该思考如何跳出成功、衰落、缩减规模、濒临破产、陷入绝境、孤注一掷，最后缓慢复苏的循环。诺基亚、IBM、宝洁等诸多企业都经历过类似的发展历程。

与质量管理、安全管理等重要的企业流程一样，创新也可以管理。然而不知什么原因，当人们下定决心提升创造力时，却总是临阵磨枪，而不会提前了解什么可行，什么不可行。因此，每当有人想要创新，与其费尽心思地重新设计创新流程，不如先让他们了解什么是创新，这才是明智之举。幸运的是，你可以利用大量资源更好地了解创新需要什么，哪些可以立即付诸实践以避免常见错误。需要注意的是，与其创新时断时续（这种情况极为常见），还不如不创新。这无异于在暗示那些"好人"：他们不必全身心投入这些项目中。这不但赌上了他们的事业，还极大地浪费了资源。因此，如果想得到正向的成果，就必须持久而系统地进行创新。你要为创新设立经常性的预算，将创新融入优秀人才的职业发展规划中。你要积极整合业务，达到创新与核心业务的平衡。同时，你还需要将创新融入企业流程中，保证重大事务的开展（见表 5-1）。

表 5-1　　　　　　　新战略手册：培养创新能力

过去	现在
偶尔进行创新	持续、系统地进行创新
各项业务管理和设立预算方式相同 资源主要用于开发业务	创新业务的管理和预算与普通业务 分开 业务组合对核心业务、新平台构建 和期权投资给予同等支持
日常工作之余兼做创新	专门资源进行创新
无法检验假设；学习时间相对较少	不断检验假设；通过学习制订主要 业务决策
避免失败，失败为不可讨论的议题 规划导向	鼓励智慧型失败 试验导向
以自身产品为出发点，创新地将其 应用于新领域	以客户为出发点，创新地帮助他们 完成任务

什么是创新能力

我们在第 2 章了解了超凡增长企业，它们是用已有能力应对瞬时优势浪潮的优秀企业。它们往往会割舍已经衰竭的业务，抓住新机遇，借此重新配置其业务组合，从而将稳定性与灵活性融为一体。

通过研究超凡增长企业可以发现，它们已经培养出管理创新体系所需的各方面的能力。虽然做法略有不同，但核心要素大致相同：**管理体系、构思体系、发现及假设检验体系、市场验证和孵化体系、商品化体系和吸纳新业务的体系。**

总体架构和角色分工

许多企业为创新所做的努力，从一开始就注定会付之东流。因为企业内部缺乏孵化创新的清晰架构，角色分工不够合理，管理模式和资金模式不明确，支持的具体活动也很模糊。有创新能力的企业，绝不会对这些问题放任不管。为了精于创新，需要构建一套合理的创新管理机制，这种机制通常独立于核心业务的策划和预算程序之外。此外，还需要一种方法来管理投入创新的资源，需要具备将创新融入更大的业务组合中的整体意识，同时还要规划不同发展阶段的举措。

高知特公司这一创新架构被称为"管理创新架构"，它明确了激发创新所需的不同的角色分工。高知特结合自上而下和自下而上两种创新路径，明确指出每个角色应担当的职责。如其官网所述，高级管理层负责提出愿景和整体规划，具体包括制订公司的发展战略，指明可取的创新类型并提供资源。公司的中层主管设计并推动计划的落实，具体包括：明确新的活动如何与现有的项目一起运作，建立合作和联盟，确保相应的计划能获取合理的资源。在具体实施层面，企业团队需要创造新的商业交易，推动产品上市。

高知特公司采用大量技术手段来支撑该架构，通过特有的创新管理软件来追踪并传播各种构想。同时，该软件与高知特的知识管理系统 2.0 版相连接。换句话说，在高知特，创新并非独立于其他重要的任务之外，而是与正在进行的业务相结合。

同样，英德拉系统有限公司也有一套系统，名为英德拉开发调整和服务系统（西班牙语简称 MIDAS），该系统可以将新的项目与英德拉整体的项目管理流程相结合。

在这些高速发展的超凡增长企业中，最规范、最具结构化的创新管理系统来自 ACS 建筑集团的环保业务。它们开发了名为 R&D+i 的战略计划，寓意是研究、发展和创新项目。公司每年或每半年审议一次计划，在审议过程中会设置优先顺序，并配置资金。ACS 的正式管理系统通过了 UNE 166002:2006 标准认证和独立的第三方审查。ACS 称，截至 2011 年 12 月 31 日，该公司共计有 28 项研发项目正在进行，投资总额达 562 万欧元。

构思流程

构思流程的目的是厘清各种有前景的构想，企业以此作为新的发展方向。这一流程包括分析趋势，将创新与企业战略相结合，确定潜在的市场机遇，并最终确定企业想要进军的领域。有效的创新始于明确企业发展的重点。然而，许多企业，尤其是那些秉承"百花齐放"理念的企业，并不清楚应该聚焦哪些类型的新构想。

谷歌和 3M 公司就实施了这一理论，员工在工作时间可以自由发挥创造力，不受任何约束和指令束缚。他们认为，公司里的每一个人都有潜力成为创新者："没有什么想法是愚蠢的。"

这种善意的举措往往始于管理层的鼓励。他们鼓励员工利用一部分时间追求工作以外的兴趣。公司还找来培训师，教大家如何成为创新者，并举办了"创新训练营"，这样，点子便从各个角落涌现出来。可惜的是，世界上也存在着坏点子，绝大多数点子肤浅且不切实际，不会带来值得投资的好机会。美国策略通顾问公司的托尼·伍维克（Tony Ulwick）指出，一些点子与客户需求相脱离，另一些点子的战略协调性较差，还有一些会激怒供应链上的合作伙伴或重要的供应商。坏点子就是这样，发挥不了什么作用。努力最终都白费了，对提议饶有兴趣的人因此变得沮丧或愤世嫉俗，学到的教训也不复存在。

这像极了那个关于猴子的笑话：把许多猴子放在有许多打字机的屋子里，最终他们也能拼出《战争与和平》。问题是没人给猴子提供足够的钱和时间。在瞬息万变、竞争激烈的市场中，效率低下的创新过程可能会埋下祸根。

有的企业发现了效果更佳的方法。我的同事斯科特·安东尼（Scott Anthony）将它描述为，把消费需求当成要素投入到"增长工厂"中。这种方法还有许多其他称谓，比如"待办任务观点""挑战驱动创新"或"需求驱动创新"。其核心理念就是，**把了解消费者真实需求并努力满足这一需求作为创新的起点。**

创意优先法与待办任务观点的区别

◆ 创意优先法是思维内化驱动，产生创新计划。

◆ 待办任务观点是从实现消费者目标开始，一直持续下去。

众所周知，消费者在需求被满足之前，通常不能准确表达出自己的需求。

超凡增长企业能够明确适合其战略的想法。例如，印孚瑟斯非常注重对哪些客户提供服务，不对哪些客户提供服务。它们重视高增长行业和这些行业的"参照"客户。印孚瑟斯拥有超过 97% 的重复业务，克里斯·戈帕拉克里什南告诉我："我们的经营理念是：客户成长促进我们成长。"印孚瑟斯拒绝从事对客户没有意义且没有附加值的业务（即使业务量很大），也不会仅仅从劳动力成本套利中获取利益。

印孚瑟斯将这些特点对员工的激励机制整合在一起。战略负责人桑杰·普罗海特称其为"微分割"。他解释道："这么做的目的就是要提高业务增长率，以及业务收入占公司收入的比例。通过微分割，推动跨业务创造价值的行为，贴近更多客户的需求。"值得注意的是：首先，要确定客户的需求；其次，要关注由普罗海特命名的、产品和服务组合的"主轴"。

他指出，印孚瑟斯每年都会策划并推出新的产品线，公司也清楚新的产品线将需要三年时间才能显著增长。例如，该公司最近宣布了三项新措施，它们是可持续性、客户流动性和云端，并认识到这些措施将在未来成为新的增长引擎。

在 ACS 建筑集团的环保业务中，公司追求的广泛目标是充分利用从废弃物中提取的能源，减少垃圾和废气排放。科尔卡旨在利用创新来提升专利到期药品的价值，使他们提供给患者的药品超越其本身的价值，而非简单的生产加工。

我们需要注意，构思流程从来不可能一蹴而就，要持续不断地注入更多好的构想。在《企业家思维》(*The Entrepreneurial Mindset*) 一书中，我们提出了"机会存量"的概念，这一概念至今仍然值得思考。

发现：概念和详细规划

当想法初步形成后，培养创新能力的下一个流程就是发现。在发现流程中，我们充实概念并制订详细的计划。企业要了解特定的客户需求，评估领域的大小和吸引力，衡量不同的商业模式并构建基本的业务框架。

在详细的规划阶段，明确并测试假设，开展正式的商业计划和物流运作，并制订关键检查节点。**这个阶段的目标是，尽可能以低廉的成本，将假设快速转化为知识。**我之前的著作《引爆市场力》中，有许多关于这一流程的细节描述。

如果研究高知特公司的创新流程，就能了解它是如何用技术来有效支撑其发现流程的。高知特有一个"创意管理体系"（idea management system），可以跟踪构思和创新的进展情况，把那些拥有相关知识的人才联合到创新团队，测试假设，细化观点，同时促成"创新记分卡"的衡量和监控。

在辉盛公司，发现流程已写入公司的基因里。创始人霍华德·威尔（Howard Wille）和查尔斯·斯奈德（Charles Snyder）起初想创办一家能够提供电脑化金融资讯的公司，为了检验这一想法的可行性，1978 年，他们双双从华尔街离职。31 年后，辉盛公司获得了源源不断的收益增长，官网上的一系列案例清晰地阐释了辉盛是如何通过发现并详细规划，开发与客户密切相关的新产品。

孵化：市场验证和验证商业模式的实施

在创新的孵化流程中，企业需要了解真正的业务是什么样的。**在这个阶段，企业需要开发试点和原型，进行市场验证并对假设进行大量测验。**让最初的客户和合作伙伴参与其中，并设立专业团队负责整个项目。虽然此时的项目尚不稳定，但随着原型越来越接近可以上市的商品，这个项目也就变得更有价值。

有些公司经常急于完成这一阶段的任务，而省去了对终极产品或服务的了解，事实上这种了解十分重要。另一个陷阱在于，企业过早地要求新业务必须获利或成长。克莱顿·克里斯坦森说得好："在商品的开发阶段，企业需要'渴求利润，但耐心等候成长'。"此时，产品尚未准备好迎接商业活动的全面冲击。早期用户可能会忍受其不可避免的缺陷，但最终大众市场或主流用户不会选择忍受。最理想的初期市场，是满足用户的真正需求，让他们愿意付费解决问题的市场。HDFC进军农村银行业务就是一个实例。

对于新举措，HDFC银行会谨慎地进行试点，之后再决定是否实施。这已成为HDFC银行一直以来的传统。最近，它与沃达丰集团合作，为印度农村地区（暂无金融服务区域）的村民提供银行服务。这就是个例证。首先，HDFC了解他们想要解决的问题，即印度的许多农村都没有银行基础设施，而且交通和电力等其他基础设施也不太发达。当地报纸评论道："居住在Jhalsu村的农民如果想去一趟银行，仅仅为了办理存取款这样简单的交易业务，他就将损失一整天的收入，还要走上数公里的路。"

HDFC和沃达丰在这个偏远的农村试点推广该系统。在此系统中，HDFC银行选择沃达丰零售店作为银行代理。人人都能通过沃达丰的网点进行汇款或存取款。HDFC的移动银行账户允许农民存储现金，所存现金可以随后提取或汇寄给他人。收款人也可以去沃达丰的零售网点收取这笔款项。与通过邮局处理汇票等常见汇款方式相比，这种服务要便宜得多。这项服务在 Jhalsu 村试点后，HDFC 银行和沃达丰集团的领导，连同印度储备银行副行长查克拉巴蒂（K.C.Chakrabarty）一同宣布：将在全印度推广该项服务，以此来落实普及金融服务计划。HDFC 银行预计这类农村风险投资业务将获得显著增长。

加速：商业化、产品上市、产量增长

创新过程的最后一步是将理念实际应用于市场，并发展为商业现实。这是创新项目的一个微妙时刻，因为这一步是个重大的转折点。在这个转折点上，创新和培育的重点应该向迅速扩大规模的机制转变。本来不受投资回报率等传统准则限制和影响的业务，现在需要采用常规指标、报告结构和准则来进行衡量；拥有不同思维模式的管理者开始变得更为重要，且新业务也应该成为母公司的一部分。通常，理念的管理需要由验证理念的试点小组移交给业务经理。业务经理的衡量标准和绩效指标都更为常规。关键问题是：**要在不失去业务本身差异化的前提下，进行这样的管理业务移交。**

高知特公司的特殊优势是商业化和规模化。投资者都熟知它的战略，即牺牲一些利润来维持强劲的收益增长。所以，为了在特定领域寻求突破、占有一席之地，高知特甚至会进行双倍投资。据报道，2009 年，高知特 CEO 弗朗西斯科·德苏扎曾表示，他后悔没有更加积极地以投资来促进收益增长。一名记者曾这样评价高知特快速扩大规模的方式：

这种方式让更多员工脚踏实地做事，花更多时间接触特定目标客户群。或许当时他们投入的时间和收益不成正比，可能承接的项目起初利润不高，但最终会带来巨大的收益。此外，高知特企业在特定项目上比其他同行投入更多的资源。这一切都意味着高知特公司正不断抢占更多的市场份额。

THE END OF COMPETITIVE ADVANTAGE **瞬时竞争实践**

思佳公司如何凭借瞬时优势实现创新

思佳创新科技有限公司能够很好地诠释一家公司面对瞬时优势时如何持续创新、蓬勃发展。思佳的办公大厅在哈斯顿米尔（Harston Mill），这个地方只有当地人才能轻松找到。这说明思佳的办公楼不是一座普通的位于郊区的办公大楼。大厅的一侧是展示区，四周围着玻璃，里面放置着类似现代版的中世纪刑具。仔细观察后发现，这其实是思佳的科学家和工程师研发出来的部分产品。置身其中，周围都是色彩鲜艳的墙壁和蜿蜒而上的楼梯，透过窗户就能欣赏到花园的景致。也许你从没听说过这家公司，但它研发的产品却对当今的日常生活影响至深，无论是针对普通客户的产品还是其他工业产品。当陪同人员带你进入会议厅后，会礼貌地提醒你待在原地不要走动，因为周围发生的一切都是高度机密的。

在思佳的日常运转中，创新绝对是首要议题。一位高级主管曾提到："我们这类公司本质上非常灵活，因为掌握命运的不是我们自身……我们只能依靠客户的需求生存。"这使思佳成为了越来越多企业学习的典范。当竞争优势减弱且竞争无处不在的时候，企业就会逐渐陷入同一种处境："无法掌控自身命运"。唯一可能的应对措施，就是不断创新并尽可能地贴近客户需求。

思佳公司明确地细分出几个部门，用它们的说法就是利益相关的领域。信息收集也主要集中在医疗产品、消费性产品和工业产品等领域。思佳联合执行董事表示："我们用这些部门来制订市场计划。"这些部门组织为人才和技能提供合适的流动平台。部门的领导也是熟知本部门潜在客户的资深专家。

显然，思佳的领导者致力于辨识有意义的客户需求。联合执行董事丹·爱德华兹（Dan Edwards）解释称："我们是项目型（而非产品型）的组织。我们先要理解客户需求，然后付诸行动、满足客户心愿，以此来获得收益。我们每天都在接受检验，并始终将客户的需求（而非我们的资产）放在第一位。"因此，鉴别市场需求是重中之重。例如，思佳目前遵循的主要趋势"生命科学遇上生活方式"，即个人将更多地承担自己的部分甚至全部医疗保健服务的责任，这些服务通常在家庭式的环境中进行。这种趋势会引领医疗设备和治疗选择方面的全新变化。思佳希望未来能有机会参与其中。

思佳公司管理层浏览的信息量之大令人震惊，每个月传阅的销售人员、公司高层与客户的会议内容就达三四百份。高级主管除了负责所在部门的业务之外，还有许多其他日常职责，包括阅读商务杂志、参加会议、联系重要客户以及"在各种情况下与他人交流"等。与高管类似，总经理也要花费大量时间与人交流、建立关系网、利用他们相对于其他主管的优势。公司还雇用了资料管理员，将咨询人员需要了解的公司、科技和行业趋势等内容的报告，通过电子邮件发送给他们。

尼尔·莫特拉姆（Niall Mottram）在消费者部门工作，据他观察，思佳公司运用等量的定性和定量技术寻找对客户有意义的工作。他向我解释："以家用咖啡机这种简单的产品为例，客户使用该产品的方式可能与产品设计者的初衷截然不同。人们用瓶装水煮咖啡，自创口味，连煮两次以期获得更多的提神功效。"这些经过实地考察得出的深刻见解，是由一些熟知人为因素的专家和技术人员提出的。

除试图了解特定的客户需求之外，思佳还能敏锐地察觉跨业务的操作模式。通过对外界的广泛调查，各种信息汇集到中央资料库，并由负责市场营销的人员进行筛选。这种收集跨部门信息的能力恰恰是许多公司所缺乏的。市场营销人员正努力寻求横跨思佳不同操作领域的趋势。例如，公司目前正在利用"高级模式识别"监测个性化方面的趋势。莫特拉姆认为，思佳公司所追求的个性化是一种宏观趋势，将会影响公司旗下许多产品的设计。这种趋势也被运用于服务领域，正如莫拉特姆所说，"客户不希望自己得到的服务和关怀与半小时前的那位客户一样"。他们想要的是个性化的服务。另一种宏观趋势是可视化。外科医生在手术中可能既需要指尖的触觉感受，又需要三维的立体视野，甚至在操控机器人或使用遥控器时也是如此。

思佳公司的项目选择所反映出的市场竞争方式与传统企业完全不同。首先，思佳公司处理的是极其复杂的新问题。一位资深主管告诉我："我们应该挑战难度大且值得投资的项目，这需要花费很长时间、承担更多风险、运用更复杂的技术，很少有公司能做到这样。我们把遇到的低端竞争当作早期预警，告诉我们此时并非好时机。也许某项技术在全球范围内仅仅处于萌芽阶段，但对我们来说却即将被淘汰。"能够规避已有竞争优势陷阱的企业，往往具备创造全新类别的能力。在这样的情况下，传统概念中的竞争优势几乎不具有推动力。

确定了某项需求值得投入发展之后，思佳公司便运用灵活且富有创造力的方式调动一切资源。爱德华对此这样描述："我们所有员工都在公司内部的自由市场中工作，一旦某个部门下达项目任务，这个部门就会从物理、电子、机械工程、化学等多个领域挑选员工。其他公司可能会将90%的资源直接分配给旧有品牌或产品，但我们不会这样做。"

一旦思佳公司开展的项目有变化，整个组织结构都会相应地发生变化。这与许多公司的组织方式截然不同，也更利于创新。我请教其中一位部门主管，问他能否给其他公司提出一些有价值的建议，他回答道："你要记住，你的工作是为了满足市场需求，而不是为公司的结构需求办事。不过许多公司却把自己的组织结构看得比市场需求还重要。"

至此，我们已经探讨了各项创新能力要素，把从管理到扩大、整合核心业务的整个创新流程当作系统来管理，并试图理解"超凡增长企业"和以不断创新来维持生命力的思佳公司处理上述流程的方式。顾名思义，超凡增长企业并不多见，且这些企业中，能够不断成功地将创新融入市场中的例子也少之又少。那么，其余那些缺乏创新能力，或隐约觉得自己可以做得更好的企业该怎么办呢？

如何从零开始培养创新能力

通常，想提高创新能力的企业会从小规模创新和多样化实验做起。虽然这样的实验并没有什么坏处，但如果想让这些创新对大型企业产生重大影响，企业就应给予它与其他大规模项目同等的重视和关注。问题在于，在大型企业中，大多数人完全专注于推动核心业务，他们每天要长时间工作，应对各种危机，无暇顾及其他。

此外，许多企业没有意识到，创新体系的关键要素需要以积累多年的专业技能为支撑。分析趋势、评估市场规模、分析和评估期权、设计样品、制订"发现驱动型计划"、试运行、善用机会以及向可扩展型商业转型，这些活动都需要花费时间和精力，通过经验积累之后才能娴熟。大多数企业没有这样的职业路径，无法持续培养员工的这些技能，即使有些员工尝试发展这方面的技能，也很难得到什么回报。

与从事创新思考的专业机构合作是一种显而易见的解决方法。这些机构能不遗余力地实现你的创意，也十分了解可能会出现的问题及相应的解决办法。诸如全球战略与创新咨询公司 Innosight，商业创新资讯机构 IDEO，管理咨询、信息技术和业务流程外包公司埃森哲的增长组，企业创新管理顾问公司策略通以及卡梅隆联合公司（Cameron Associates，我与伊安·麦克米兰都算是这家公司的一员），据我观察，这类公司极为擅长帮助客户解决创新流程中遇到的问题。如果你的目标是迅速培养创新能力，同时把出错率降到最低，那么这些公司一定可以提供专业的指导和协助。接下来，让我们了解一下与这类公司合作的情况。

第 1 步：评估现状，确定差距

你需要做的第一件事就是了解基本状况，弄清楚目前实际发生的情况。做法之一就是分析你的计划组合。我在《引爆市场力》中详细说明了这个模式，这里再简要回顾一下。

首先，以两种不确定性来思考这个世界。第一种是组织内部与外部市场的不确定性，第二种是在不同项目中可调动的能力或技术的不确定性。这种模式建议把项目分成 5 种不同的类型（见图 5-1）。

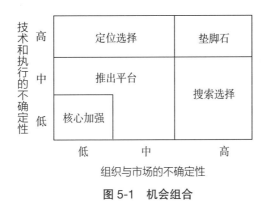

图 5-1　机会组合

核心加强型，是指此时此刻帮助企业更好地满足现有客户需求的一系列项目和计划。此模式的市场不确定性和技术不确定性都相对较低。随着核心加强，企业成长更为迅速、发展更好、投入成本更低、生产力更高、决策更加精准，而且核心加强使用起来更加便捷。核心业务的目的是创造足够收益，实现增长目标。如果核心业务运营不佳，解决这一问题就成了首要任务。

投资新平台型通常会加大投资的不确定性，但不算是贸然跨入完全未知的领域，而是将其视为下一个核心业务。新平台上的项目通常处于创新流程的扩张阶段，将在未来为核心业务作出贡献。

第三类投资是选择。通常情况下，你可以通过当下的小型投资，获得未来进行大规模投资的权利，而非义务。试卖、样品、初期试验、生活实验室设计等都是选择。在此我将选择划分为三种类型：

◆ **第一类是定位选择**。定位选择是指你知道有需求，但不知道应该结合哪些技术与能力来满足这些需求。美国的智能手机等移动设备与这种情况有些许类似，因为无线服务没有统一标准，所以手机制造商需要支持各种标准为自己留有选择的余地。

◆ **第二类是搜索选择**。搜索选择是指你拥有并知道如何使用某项能力和技术，现在你尝试做的是把这些能力和技术应用在新的领域，比如新的顾客群体、新的地理区域或新的应用程序。这一阶段要求你进行大量的样品设计和测试，最终才能了解哪一种可行。例如，苹果公司首先打造了零售店的实物模型，并且对现场体验的每个环节都进行了大量测试，最终才推出实体店。

◆ **第三类是垫脚石**。垫脚石是指你认为存在需求，但距离技术发展到可以满足这一需求还很遥远的情况。此时的目标是商业化应用一些难度不大，却能解决实际问题的技术。如今，纳米技术的发展就是一个恰当的例子。众所周知，纳米制造终将创造出我们目前只能想象的奇迹。抗皱的 Docker's 裤子和耐指纹的手机屏幕都是目前已有的使用纳米技术的商业化产品。这些技术的巧妙应用将逐渐形成一套全面的商业化方案。

因此，首先要深入了解你的创新项目。你可以拿出一些便利贴，在每张便利贴上写下一个项目，然后将它们分类摆放，看看你究竟有哪些项目。第一次这样做的结果会令你大吃一惊，你会发现，手头的项目组合并不支持自己想要的增长策略。如图 5-2 所示，它看上去仅能实现缓慢的渐进式增长。

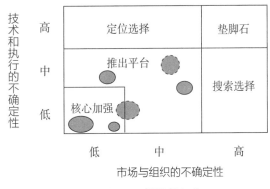

图 5-2　低增长组合

这样做是为了了解什么是增长鸿沟：根据你所认为的 3~5 年后的核心业务，你目前的项目组合能增加哪些新的增长点？再者，通过思考商品化导致某些业务下降，你能够发现哪些增长鸿沟？这两个问题的答案就是你创新体系的目标。

第 2 步：获得高管支持及资源承诺

令人震惊的是，即使有证据显示确实存在增长鸿沟，高层领导者也意识不到只有革新现有业务才能在未来继续创造增长，这完全有可能，我们在前文中探讨过。创新体系要发挥作用，就必须获得高层决策者的支持。我们可以采取多种形式获取支持，我通常会做 1~2 天的业务陈述，主要采用简短演讲的形式，同时穿插讨论，有时也会有实际应用的案例，以介绍创新所必须的不同准则。如果你对增长鸿沟的定义有所了解，这将极有利于合理配置资源、构建创新体系。每个人在创新概念方面有共同语言也会有所帮助。领导层既要致力于创新，也要为创新的方向划定界限，有时我们称之为"确定范围"。

前文中提到杜邦知识密集大学项目，与鲍勃·库珀合作完成该项目的过程中，我在付出一定代价后才了解到，预先获得高层支持非常重要。我们天真地以为，我们的主要问题一定是缺少创意，所以就积极投身于密集的头脑风暴中，得出了一些自认为相当天才的点子。于是，我们就去找负责公司财务的领导层，请他们对这些创意给予资金支持。但是，我们犯了个天大的错误：没有从一开始就找领导层参与，也没有制订出一个适合这些创意发挥的策略框架。这些新颖的好点子通常与领导层需要优先处理的事情相冲突。当他们近期有重要事项要处理时，就不可能投资其他怪异的新东西，最终这些创意都无疾而终。可想而知，当时我们团队是多么萎靡不振，我们一开始让大家满怀激情，却没能坚持到底，反而把情况弄得更加糟糕。从那以后，我建议在开始为增长付出努力之前，首先要建立创新所需要的领导框架。

在加强创新机制方面，我坚持的观点是，如果创新真的很重要，那么在会议日程、企业网站和其他重要的地方都要显示出其重要性。

第 3 步：建立创新管理流程

接下来是组织创新的管理方式。其中最常见的方法是设立创新委员会，委员会通常由高层商业领导组成。设立委员会是为了听取项目建议，提出合适的指导性问题，给项目开绿灯，如有必要，在项目行不通的情况下，以最有建设性的方式结束无效项目。创新委员会的另一个主要任务是清除妨碍创新工作的官僚主义和结构性障碍。有时高层领导者的一通电话就能解决同级员工之间需数周才能解决的问题。在 IBM 公司，高管的主要职责是向 CEO 汇报公司的创新管理情况。

作为创新管理流程的一部分，企业需要为准备探索的机会空间制订明确的定义。这就可以厘清哪类想法是可取的，哪类想法是不可取的，并且有助于引导创新工作。

第 4 步：建立体系并引入组织中

与六西格玛等组织流程一样，有些实践适用于创新，而有些则不适用。公司有足够员工了解其中一些实践工作，即使他们并不负责实际的创新工作，也对该组织有益。培训通常是培养创新能力的首选方式，而且这种方式形式多样。我参加过内部课程、研讨会和网络会议，也受过虚拟训练等多种形式的培训。培训的关键是希望人们在创新方面有共同语言，希望人们意识到对普通业务奏效的做法不一定适用于创新。

以美国培生公司为例，虽然该公司一直以来都获得了巨大成功，但该公司临床评估业务负责人阿瑞里奥·普瑞腓特拉（Aurelio Prifitera）仍想要更新业务。在与人才培育副总裁克里斯·莫斯卡尔（Krys Moskal）的合作中，普瑞腓特拉制订了更加系统化的创新方式。随后，我们和他的领导团队花了一整天的时间回顾基本的创新概念。这次会议达成了以下几项共识：

◆ 分析项目组合。

◆ 建立创新委员会。

◆ 将资源分配给几个新项目。

◆ 为员工培训和指导提供资金支持，帮助他们提高创新所需技能。

在会议后的第一年里，我主持了 14 场远程研讨会，大概每隔两星期就有一场，许多业务决策者都会参加。克里斯高兴地说："任何人只要拥有一部手机就可以听了，多好！"这种定期训练对提高技能、培养公司参与者对创新的共同语言至关重要。

第 5 步：从具体事情开始实施

此时，选一个或几个创新设想并借助工具实现，这样做就很合理。通常，这涉及某个早已开始但进展艰难的项目。重要的是，咨询顾问或者任何支持项目的人，都有机会利用某些已经投入运行的事物来验证概念。定位顾客需求、确定市场规模、设计样品、设计商业模式、发现导向规划，以及其他与创新有关的概念都开始起作用。

我在卡梅隆联合公司工作的同事罗恩·皮耶兰托齐（Ron Pierantozzi）和亚历山大·范普滕（Alex van Putten）了解到一个令他们痛苦的事实：在获得领导者的认同后，他们通常仍然不能融入组织。他们认为，一旦领导团队为创新计划提供支持并配置资源后，下一步就应该召集项目的所有人员举行一次大型会议，并在会议上将核心理念介绍给所有人。但这时就会出现一个问题：等到开会的时候，时间已经过去了几个月。人们现在能够参与创新工作并不意味着他们会立刻开始工作，毕竟他们之前的工作不会立刻完成。相反，罗恩和亚历山大了解到，最好以自下而上的模式开展工作，挑选几支团队持续给予他们支持，然后帮助他们度过项目的发现和孵化阶段，因为工作人员在这一时期往往缺乏时间和专业技能来完成这些工作。

第 6 步：建立持续创新的企业结构

理想情况下，在证明了这些创新方法的实用性后，就是时候着手创建支持创新的企业结构了。完整体系的构建包括：致力于构思、发现和孵化阶段的专职团队；联结各成员的信息系统（如高知特创新管理系统）；具有实物期权敏感性的预算结构，等等。我在 Innosight 公司的同事将其称为建造"成长工厂"。在这一阶段，企业通常会转向能够发展业务、确保可靠性的架构上来。

这些步骤本身是非常简单明了的。当然，你也需要随时做好准备，以利润为导向的老牌企业可能会随时阻止这些步骤的实施。我的建议是，用 2～3 年的时间来建立起自己的创新体系，这会使你受益匪浅。

培养创新能力的 6 个步骤

◆ 第 1 步，评估当前状况，确定增长差距

◆ 第 2 步，获得高管支持及资源承诺

◆ 第 3 步，建立创新管理流程

◆ 第 4 步，建立体系，并引入组织中

◆ 第 5 步，从切实具体的事情开始

◆ 第 6 步，建立持续创新的企业结构

布兰博集团如何系统培养创新能力

为了说明如何将上述步骤应用到真实的企业中，我们来看一下在过去的两年里，罗恩·皮耶兰托齐和亚历山大·范普滕用于支持澳大利亚布兰博集团首席创新官罗伯特·斯宾塞（Robert Spencer）的流程。布兰博经营的业务并不具有吸引力，只是在全球提供存放或搬运货物的托盘设备。布兰博集团由沃尔特·布兰博（Walter Bramble）于 1875 年创立。沃尔特未满一岁就随父母从英国去了澳大利亚。成年以后的沃尔特成为一名屠夫，不但宰杀牲畜，还负责运送，换言之，他会把产品亲自送到客户手中。后来，他的公司更名为布兰博父子公司（Bramble and Sons），业务重心逐渐转向物流业，并在 1925 年开始发展运输业务，将"勇往直前"定为公司的口号。

这家现代企业的开创源于历史的一次偶然事件。第二次世界大战期间，澳大利亚政府为有效处理军用物资，成立了联合物资搬运常务委员会（Allied Materials Handling Standing Committee）。战争结束后，美军撤离澳大利亚，留下了大量装卸搬运设备，尤其是托盘和集装箱。为处理这些设备，澳大利亚政府专门设立了联邦搬运设备共享管理委员会（CHEP），并在一段时期内由政府负责运营。最后，政府决定将其民营化。1958年，布兰博集团将其收购。如今的布兰博集团拥有4亿多托盘和其他类型的集装箱，为50多个国家的客户提供服务。在2012财年中，布兰博集团的收入高达56亿美元。（没错，56亿美元，只靠在全球范围内搬运托盘和集装箱。）

我们的故事要从2009年讲起，当时汤姆·戈尔曼（Tom Gorman）刚升任布兰博集团CEO。他于2008年加入布兰博集团，负责联邦搬运设备共享管理委员会在欧洲、中东和非洲的运营。之前的很长一段时间，他都就职于福特汽车公司。当时，他对记者说："我们将通过地域扩张，以及新的平台和服务来拓展公司业务，但现在，我们需要提出一个真正的策略，这是我们所面临的问题。"他在坚持追求创新的同时，积极培养系统化的企业制度创新能力，想要使之成为他留给布兰博的一部分财富，但这并不意味着，布兰博在此之前不是一家创新型公司。正如罗伯特·斯宾塞向我解释的那样，"如果公司中有一名对创意充满热情的权威人士，那么创意就能够实现"。戈尔曼聘请斯宾塞来推动创新的目的，就是让创新成为企业的系统性能力。

戈尔曼找到了企业成长方面首屈一指的专家、顾问兼作家梅尔达德·巴格海（Mehrdad Baghai），后者当时已移居澳大利亚。巴格海建议斯宾塞与罗恩和亚历山大一起培养系统性创新能力，这一能力需要与核心业务区别管理。他们的运作流程与我前面概述的一致。

第 1 步：评估现状，确定差距

罗恩在描述布兰博集团的任务时说："我们从了解这个企业的目标着手。公司常说开拓创新，但你必须首先确定它们想要达成的目标。"一旦明确了其增长目标（布兰博集团树立了宏大的增长目标），你就可以彻底想清楚，通过企业并购和风险投资等外部资源能够实现多少增长，以及企业自身能够实现多少增长。

第 2 步：获得高管支持及资源承诺

在戈尔曼的主张下，布兰博集团拨出大量资金支持创新流程。这些钱都出自公司基金，而不是来自各业务部门，以减少来自各业务单元负责人的阻力。另一点是阐明可以接受创新提案的领域。正如戈尔曼最初指出的，布兰博集团的增长范围将集中在托盘共用领域的知识产权，并将其扩展到新的领域和地域。

第 3 步：建立创新管理流程

戈尔曼和斯宾塞为了了解通过他们的创新提案可以获取多少收益，设立了独立于日常业务管理结构之外的创新委员会。

然而，还有很多方面需要继续学习。在创新初期，顾问们遇到了一个问题。CEO将"中央基金"称为"创新基金"，并表示，公司期待员工提出具有高度不确定性但可能产生巨大影响的创新方案。他后来说："这种表达限制性太强。"公司内总有员工提出并不完全符合创新标准的方案。他后来反思说："这导致了一些希望的破灭。"事实上，在开始阶段，公司获取不到足够优秀的、可供考量的创意。

因此，公司不再简单地声称自己有这样一个基金，而是进一步说明公司到底想用它做什么。公司规定了创新基金的资助范围，明确指出了三个较为广泛的领域。

◆ 第一个领域包括能够创造潜在收入的项目。

◆ 第二个领域包括能够提供价值的项目，也就是那些能够增加利润、帮助维持高价、降低成本，或只是扩大市场差异化的项目。

◆ 第三个领域包括能够提供洞察力的项目，这些前端创新的项目预先帮助公司了解新兴客户的需求。

接着，布兰博为创新基金建立目标。斯宾塞称："我们计划审查至少 X 个项目，资助 Y 个项目，每年实现 Z 个项目的增长。"为了结束关于什么是创新无休止的争论，公司提出 5 个问题，如果一个项目可以用"是"回答其中两个问题，那么这个项目就可以算作创新基金的候选项目。这 5 个问题如下：

◆ 这一提议是否代表新的运营模式或商业模式?

◆ 这一提议是否吸引新客户?

◆ 这一提议是否会使我们面临潜在的新竞争或其他种类竞争?

◆ 这一项目是否需要新技能? 我们是否需要招聘或培训员工来掌握
这些新技能?

◆ 这一项目是否需要新型技术、资源、设施或任何我们不知该如何
管理的内容?

考虑到创新过程中可能需要更为广泛的包容性,并且可能有更多的创意需要资助,如今,各业务部门内部均设立了类似的创新委员会,以处理内部创新方案。

第4步:建立体系并引入组织中

在此之前,罗恩是美国空气化工产品有限公司(Air Products and Chemicals, Inc.)创意总监,亚历山大在自己的三家公司和克莱斯勒不动产资本公司(Chrysler Capital Realty)负责管理财务,两人本身就是经验丰富的管理者,都有建立创新体系的经验。之后,他们又与其他许多组织合作建立创新体系。他们为布兰博引进的经验有:

◆ 探索式规划,用以设计商业案例和学习计划。

◆ 机会开发,用以管理风险和计算选择价值。

◆ 消费链分析和属性映射,用以深入研究消费者需求和发展机会。

◆ 商业模式分析，用以确定新型商业模式机会。

在创新体系构建方面引进有经验的人才，就好比请专家来协助项目团队做他们不熟悉的事情一样，好处是显而易见的——与从零开始研究相比，引进有经验的人才效率更高，风险更小。（这里以罗恩和亚历山大为例，因为我比较熟悉他们的创新流程，当然，观察其他优秀的顾问也会得出同样的结论。）

与有外部观的人合作的好处在于，他们可以向财务部的人解释财务方面的创新情况；理论上讲，财务部的人也应该加入创新委员会。即使是在极不确定的情况下，前财政主管亚历山大仍通过理性选择和明确管理风险等方式，有力地展示了如何为创新项目制订有效的财政制度。

引进构建创新体系的外部专家的另一个好处，是可以获取各种不同观点。在布兰博集团，斯宾塞非常热衷于质疑大家提出的各种创意点子，并且确保从不同角度审视问题。

第 5 步：从具体事情开始实施

起初，布兰博邀请罗恩和亚历山大来讲授创新体系工具方面的培训课程。罗伯特·斯宾塞和他的团队并没有让员工进行大量空洞的课堂练习，而是决定将创新工具直接运用到真实的项目中去。当时，布兰博已将大量资金投入到一项名为"跟踪与追踪"的技术上，但该项目却似乎没有什么进展。因此，亚历山大举办了一个专题会议，运用发现探索式规划的框架，来研究该项目的内在逻辑。过程中，他们发现，这个项目就是亚历山大和罗恩跟我所说的"僵尸"项目。这些项目既不能算是彻底失败，但也算不上成功，只是一直在消耗大家的时间与精力，且没有好转的希望。斯宾塞有些沮丧地表示："如果我们在投入这笔资金之前，在流程一开始就采用探索式规划，这个项目可能更具有价值。"而最终公司理性地终止了该项目，并将资源转用到其他地方。

第 6 步：建立持续创新的企业结构

罗恩和亚历山大在第一年的主要工作是培训。他们在不同的地方为整个项目团队做培训，一次带领 3~5 个团队，每次都要做 2~3 天的专题会。专题会包括学习运用消费链分析、商业模式开发、探索式规划、机会开发，以及敏感性分析运用等内容。然而，尽管所有人都竭尽全力，但培训并没有取得罗伯特·斯宾塞所期望的进展。现在，罗恩表示："我们进到公司与项目团队合作，但后来便再没有听到过他们的消息。"事实上，根据我的经验，这并不罕见。在组织内部大部分人对创新产生共同语言和一致看法之前，都需要经过一段时间。

第二年，布兰博集团决定改变之前以"培训"为主的训练模式，转而将重点投向指导。于是罗恩和亚历山大开始通过关键检查点、验证假设和制订学习计划等方式来指导不同的项目团队。协同创新团队，他们将此训练方案实施了约三个月，主要指导团队成员验证假设、对项目进行严谨思考。后来有一天，罗恩告诉我，"我们刚刚结束了一场会议，在会上我们审查了 6 个项目，仅仅通过简单地分析和询问'为什么要做这个项目'，便否决了其中的一个。"罗恩和亚历山大希望能在公司建立这样的理念：寻求多种选择，从不同的角度考虑、区分个人在创新工作和普通工作上的行为差别。公司之前仅仅做一些培训，但现在的目标是建立动力机制，来保证项目团队会持续运用这些技能，这些技能也正传输给内部人员，以便建立企业内部的技能体系。

我在前文提到过，布兰博集团使用公司中央基金投资早期风险项目，这使各项业务投资风险降低，投资商更愿意进行投资。一旦新业务创收盈利，他们便可偿还中央基金。但如果新业务在尚未获利之前便终止，那他们也不缺欠企业任何款项。罗伯特·斯宾塞表示，这一点具有重要的心理作用。之前人们认为，卷入失败企业中对其事业而言是个麻烦，但现在不同了，他们开始认为可以从中学习，这并不丢人。另外，相关业务的负面风险也非常小。

目前，企业创新委员会每个月都会召开会议，各业务部门均设立有创新委员会，而罗伯特·斯宾塞及其团队为他们提供同类咨询。如今，布兰博集团在全球范围内共有 8 名专职人员从事欧洲、美国以及亚太地区的创新业务。

用睿智的方式培养创新能力

布兰博集团在发展其创新能力的过程中，有几件事做得很好，非常值得管理者们关注。它雇用并授权资深领导者罗伯特·斯宾塞专职推动创新。

正如布兰博之前发现的那样，许多公司并不会将创新作为其首要任务，或者只能依赖高层权威人士全力支持某个创意才能有所创新。另外，为防止业务部门发生内讧，布兰博成立专门的基金与管理机制。这也解决了公司积存已久的一个问题：总是用经营稳定业务的方式来管理新业务。布兰博还建立了一套评估体系，用以考察创新团队在执行阶段的情况。罗恩表示，公司建立了一个"创新仪表盘"，追踪一切情况。

布兰博集团"创新仪表盘"追踪内容

◆ 每月提交的创意。

◆ 开展的研讨会及其主题。

◆ 接受培训的员工。

◆ 创意分类。

◆ 创新基金状态，所有的盈利机会。

◆ 盈利机会分类。

◆ 创新基金收支明细。

◆ 接受的提案、资助的提案、实施的提案。

这样的仪表盘极具价值：它既使创新流程具体化、令人印象深刻，又可以展示发展进度的时间轴，让团队明白高管对此时刻关注。

布兰博集团还解决了创新的动机问题。我之前提到过，该集团做的第一件事，便是通过解决资源问题和消除对失败的畏惧，扫清创新道路上的阻碍。为提供正面积极的鼓励，布兰博将 CEO、CFO 和业务负责人等在内的大部分公司高管都纳入了创新委员会。创新团队可以向日常工作中可能无法接触到的高管直接汇报。因此，如果其创意确实有效，他们将受到公司高层的极大关注。

目前，布兰博集团正在探索的创新实例之一，是寻找能解决食品和快消品行业"最后一公里"问题的方法。工人从仓库和货架拿取物资占用了供应链中大量的劳工成本。布兰博正努力寻找能限定取货次数的方法。市场上（特别是在欧洲地区），已经出现将水果和蔬菜置于塑料箱中直接出售的情况。这些产品在采摘时就放入货箱，运往目的地后直接摆在货架上。罗伯特·斯宾塞表示，"其他地区也想这么做。"公司还考虑给一些货箱安装上车轮。但正如罗伯特所言，其中的问题在于，除了零售商支持这一做法，供应链中的其他参与方，比如物流公司、制造商和生产商等，都不支持这一做法。因此，布兰博集团正在思考能带来双赢的创意。

尽管布兰博集团的项目已持续了大约两年，而且仍在进行中，但目前已取得显著的进展。构思速度加快，创意的数量减少且质量提高。罗伯特·斯宾塞的内部团队愈加成熟，能够与项目团队开展合作，并用适当的方式应对高风险项目。罗伯特的内部团队还自行承担培训任务。如罗恩所言："罗伯特和他的团队帮助员工构思拓展思路。"布兰博集团在年度报告中不无自豪地表示，公司在建立创新文化方面已取得很大发展。根据布兰博集团2011 年年度报告显示，创新方式已成为公司的关键战略推动力。汤姆·戈尔曼在最近的电视采访中自豪地表示,布兰博集团的"每项业务都取得了可喜的增长"。如果你能在托盘上实现创新,那么在其他领域也同样可以。

创新是战略核心

在优势转瞬即逝的世界里,创新不可或缺。创新不是副业,也不是企业高管的爱好或是一时流行的风尚。创新是需要专业培养和管理的竞争力。过去几年,我们往往只考虑与现有优势相关的战略,但在瞬时优势的经济形势下,创新与高效战略密不可分。幸运的是,我们知道哪些方法和程序可以帮助企业培养创新能力。

在这一章中,我简单阐释了领导者在建立适当创新流程中的重要性。在瞬时优势的经济形势下,有效的领导将建立一个不同于慢经济时代的思维模式和方法。在下一章中,我们将探讨领导者要想在瞬时优势的经济形势中取得成功,需要哪些不同的思维模式。

"

THE
END OF
COMPETITIVE
ADVANTAGE

06
领导力和思维模式，
优势转换的重要驱动力

在瞬时竞争优势背景下，领导力的增强可能是促进企业从一种优势转变到另一种优势的重要驱动力，组织假设和领导思维自然与稳定时期有所不同。对领导者来说，具备找到实际信息、直面坏消息并设计有效应对方案的能力，非常关键。

在瞬时竞争优势的背景下，企业的领导重心需要从核心业务转向其他同等重要的业务上。对领导者来说，接受"曾经成功过的模式也需要改变"这一观点至关重要，重视持续变革和创新的能力、察觉早期衰退信号、敦促企业保持警惕的能力也十分关键。

THE END OF COMPETITIVE ADVANTAGE

在瞬时竞争优势的背景下，企业的领导重心需要从核心业务转向其他同等重要的业务上。在这种情况下，不断变革和创新的能力得到重视，而察觉早期预警信号、敦促企业保持警惕的能力也至关重要（见表 6-1 ）。

表 6-1　　　　　　　　新战略手册：领导力和思维模式

过去	现在
假设既有优势可以持续	假设既有优势将面临压力
强调现有观点	直接质疑现状
少数同类人参与战略制订流程	多类人群参与战略制订流程，意见多元化
战略决策精准但缓慢	战略决策迅速、大体正确
预测导向型战略	发现驱动型战略
净现值导向型战略	选择导向型战略
寻求证实	寻求反证
内部关注优化	积极关注外部世界

续前表

过去	现在
利用人才解决问题	利用人才发现和把握机遇
延长发展轨迹	推动不断转变
接受失败	迅速重振

事实证明，超凡增长企业往往善于发现战略机遇，并按部就班地开拓这些新的领域。西班牙英德拉信息技术系统公司 CEO 贾维尔·蒙宗（Javier Monzon）就制订了明确的发展计划。英德拉公司创立于 1993 年，由既有公司合并而成，公司战略的第一步是在西班牙建立优势，然后从西班牙市场出发，向外开拓国际市场。公司一直放眼于全球，但仍选择在本土市场启航。随后，在选择了一些新市场作为全球化目标之后，2005 年，英德拉公司终于将他们的口号变为现实：成为一家具有全球竞争力的公司。

既有优势能否保持，柯达公司的关键时刻

经过培训的科学家会做管理者通常不会的两件事情。

◆ 第一，对事物演变的模式进行解释说明。

◆ 第二，无论产生多么麻烦或具有争议的影响，都要尊重事实。

然而，管理者对待这类事实通常置若罔闻。

1979 年，一位出生于德国的化学研究员沃尔夫冈·冈瑟（Wolfgang

H. H. Gunther）考虑从施乐公司跳槽到柯达工作。在面试讨论的"自我展示"环节，冈瑟受邀在柯达做一次演讲。在演讲时，他用高射投影仪放映了施乐奥托（Xerox Alto，早期形式的个人电脑，受赠于施乐帕洛阿尔托研究中心）制作的幻灯片。随后，他相继和柯达的高层对话，其中一位是柯达感光乳剂研发部主管汤姆·怀特利（Tom Whiteley）。冈瑟告诉我，当时怀特利询问他对未来的技术有何设想，他随口说道："随着磁带式摄像机的出现，8毫米胶片恐怕风头已过。"话一出口，冈瑟便觉得自己可能搞砸了这次面试。那是1979年，适逢亨特兄弟（Hunt brothers）试图垄断全球白银市场，导致银价暴涨。日本富士胶片公司时任董事长大西实，便转而开始构想一个没有胶片的未来世界。这个构想也在冈瑟心中酝酿起来，但对柯达当时的管理者来说，这样的世界是难以想象的。正如第1章中所言，当富士公司决心投身下一个浪潮时，柯达的领导者却难以接受这一前景，继续固守公司长久以来在胶卷产品领域积累的既有优势。

最终，冈瑟还是通过了面试，进入了柯达实验室。后来冈瑟获得了著名的研究奖项：1982—1983年度CEK米斯科学卓越奖（CEK Mees Award for Scientific Excellence in 1982/1983）。此外，他还是获得100多项专利的发明家，这些专利分别归属于施乐、柯达、斯特林（Sterling）、奈科明（Nycomed）和威斯康辛医学院（Medical College of Wisconsin）等。遗憾的是，柯达公司在进入医药行业后损失惨重，受此波及，冈瑟在经历多次部门重组后退休了。具有讽刺意味的是，怀特利退休后成了一名备受尊敬的古生物业余爱好者，研究那些因无法适应环境而灭亡的生物。

对于瞬时竞争优势导向型企业的领导者来说，绝对的坦诚，以及愿意接受"曾经成功过的模式也需要改变"这一观点至关重要。否认问题的存在只会浪费宝贵的时间。

1984 年，也就是在冈瑟加入柯达 5 年后，《福布斯》杂志刊登了一篇名为《柯达是否已经被世界遗忘？》(Has the World Passed Kodak By?) 的文章，总结了柯达公司当时面临的诸多问题。柯达管理层并没有将该文章视为警钟，相反，他们针对文章中的批评，汇总了一份长达 7 页、单倍行距的反驳文件，称该文章是"搏人眼球的恶意诽谤"。该文件提供了详细的反驳论点（放在"反驳"标题之下，标题居中并添加了下划线，生怕不够显眼）。当时，记者的关注点主要涉及以下几个方面：管理不善、财务状况日益恶化、新产品推介不力、员工士气低落、被迫从外部渠道获取产品以及其他各种各样的问题。反驳文件采取了无法令人信服的方式——直接否定，比如柯达不存在管理不善的问题、当前的管理层已经克服了公司过去因"有能力实现增长和盈利目标"而滋生的自满心理。与其他管理不善的公司给出的借口一样，柯达的这份文件也将问题归咎于不可控的外力。

于是便有了今天的结果：在那篇"恶意诽谤"的文章发表了整整 29 年之后，柯达公司宣布破产。曾经"嗡嗡"作响的工厂现在已不复存在。而"柯达"这个品牌，2001 年国际品牌集团（Interbrand）曾估价 148 亿美元，到了2008 年，其排名跌出品牌排行榜前 100 位，价值缩水至 33 亿美元。令我不解的是，在 1980 年时，柯达未来的危机已经显而易见，但是柯达公司并未试图采取任何措施加以补救。最近，我询问冈瑟为什么他明明很清楚转变将至，却没有极力说服公司采取更有力的措施。冈瑟略带惊讶地看着我说：

> 他（公司管理者）询问了我的意见，我也给出了我的观点。除此之外，他做什么决定都是他自己的事。

这完全是典型的科学家作风。他们也许能清晰地预见未来，但是对于主导变革，却常常不感兴趣或是没有足够的权利。为什么我如此了解这个故事的来龙去脉？因为冈瑟就是我的父亲。

战略通常由一小部分人制订，因此无法听取企业中大多数人的意见，这是十分危险的。对于那些被委以重任、带领组织穿过不确定领域的掌舵人来说，这是一个深刻的教训。通常，能够预见到变化的人并非公司的重大组织决策者，而是技术专家、科学家和模式识别专家。同样地，如果他们的预测成真，这些决策者所面临的不仅是艰难的抉择，他们的个人发展和职业前景也将面临灾难。

忠言逆耳

福特公司现任 CEO 艾伦·穆拉利（Alan Mulally）曾经说：**"秘密是藏不住的。"在瞬时竞争优势的背景下，不管是从组织层面上讲，还是从个人层面上讲，采取战略时都必须聆听，忠言逆耳，越是难以获得、难以置信的信息越重要，也越有价值。**随着竞争优势的转移和变化，环境中充满丰富的反馈信息，这些信息在管理系统内上下流通。高管无法了解企业在竞争领域中的实际发展状况，或者无法获得自身行为的反馈意见，这些都将为企业的发展埋下祸患。

在近期举办的管理会议上，时任英国联合博姿公司健康与美容部CEO亚历克斯·古尔利强调了这一点。"如何确保公司高层更快地得知负面消息？"他提出这一挑战，让他的领导团队去思考对策。

事实上，企业的高层管理者想要了解未经过滤的真实消息，常常比我们想象的还要困难。

> 我曾经教过的一位学生，是某电信服务提供商的高管，其公司以信号覆盖差而"闻名"，尤以纽约市为甚。我问他为什么高层领导者没有为此而烦恼，难道他们就不会因为电话断线或是网络连接中断而勃然大怒吗？我得到的回答是："噢，不要担心，我们知道高层领导的行程和路线安排，以及他们可能要视察的地方，我们确保这些通道的信号既好又强就行了！"具有讽刺意味的是，这些"好心"的员工在努力提高高层领导的网络连通性能时，其实是在剥夺领导获取信息的权利，而这些信息恰恰是制订正确决策，从而平息大量客户愤怒所必须的。这一点，我早已司空见惯，高层领导被蒙蔽在另一种真实中：影响客户体验的问题已经无法得到真实传达。

多样性也将变得至关重要。在充满复杂性和不确定性的情况下，我们永远不知道下一个重要理念会出现在什么地方。如果高层领导团队由同类型的人组成，那么，与由不同类型的人组成的高层团队相比，他们考虑问题所涉及的思想领域就会受限。而后者的成员因年龄、性别、社会经济地位及其他特征各不相同，而拥有更多不同的视角。**在无法预测会发生什么的情况下，多样性不再"可有可无"，它将变得越来越具竞争力，而且必不可少。**

在高层领导团队及组织内的其他部门，集聚不同才能的人也将变得至关重要。仅靠个人的一技之长，是无法有效应对企业每个发展阶段出现的问题的。有些领导者更适应不确定性，从而能在创新启动阶段丰富的学习环境里如鱼得水。正如我们在公司快速上升阶段所发现的：还有一些领导者则更乐于为大企业带来秩序和稳定。一些老派的领导者在开发方面能力突出。另一些领导者则更善于解体和重组。我们越来越需要更清楚地了解每位领导者的才能，以及他们在工作中起到的作用。正如印孚瑟斯公司时任 CEO 克里斯·戈帕拉克里什南指出的：公司的每个创始人在其早期发展阶段都起着不同的作用，一些领导者注重营销，一些注重构建技术平台，还有一些则注重运营，等等。

无论如何，"正视问题的存在"必须成为我们思维模式的一部分，这样才能应对瞬时竞争优势。

重振贝立兹公司的核心产业

我曾与贝立兹公司有过几次私人接触。这源于我和女儿安妮的一个共同的决定——学习德语。我想要提高自己的德语水平，我们的老师曾无奈地称之为"厨房式德语"；安妮则是想多学一门欧洲语言。新泽西州的普林斯顿有贝立兹的语言培训中心，我们报名参加了那里的德语强化课程。课程安排为一周三次，一次三小时。

当然，我们没能在贝立兹顺利地开始学习。我第一次打电话希望确定课程安排的时候，工作人员告诉我必须先预约，然后亲自到办公室才能为我安排课程。因此由于我的旅行计划，我不得不将课程计划向后推迟了三个星期！三周后，当我们终于到达办公室时，却发现可供选择的课程安排都是固定的，且价格昂贵。我们尽管很喜欢查理·汤森（Charlie Townsend）老师，却似乎一直要和贝立兹的规定做斗争。比如，我们曾提出要查理来教授我们语法，他表示同意，但是提醒我们不要让学校知道这件事，因为那不符合贝立兹的规定。不管是费力找到适合我们的课程安排，还是努力弄清我是否能在安妮回到学校之后一个人继续学习，贝立兹公司始终以不知变通的方式应对，像个庞大而暴躁的老式机构。

我们的经历非常具有代表性——与贝立兹打交道很难，这一点从公司的效益就可以看出。与到处打着美国农场男孩追求美艳意大利名模的广告的如师通（Rosetta Stone，语言学习软件）相比，贝立兹显得寒酸过时。当如师通已经为上市做好准备时，贝立兹却停滞不前。套用瞬时竞争优势的说法，贝立兹已经进入一个漫长且致命的竞争优势消耗期。

后来，我遇到了时任贝立兹巴西分公司的运营主管马科斯·贾斯特斯，这让我开始从战略角度思考贝立兹的问题。贾斯特斯身材高大瘦削，为人热情，说着一口略带葡语口音的流利英语（葡萄牙语是他的母语，也是他可以流畅表达的几种语言之一）。当他兴奋的时候，他的思维运转速度似乎超过了语言能力。

贾斯特斯一直在寻找新点子，每当他发现一个自己喜欢的想法，就会抓紧不放。为了寻求新点子，他来到哥伦比亚大学商学院研修我开设的短期课程"引领策略性增长和转变"。至今，他仍旧认为，该课程和那些他在课上结识的朋友，都对他重振巴西的生意起到了重要作用。贾斯特斯改变了贝立兹的品牌策略和定位，将其打造为一个奢侈品牌，而非单纯的语言培训公司。贾斯特斯认为，巴西像很多新兴经济体一样，经济金字塔的顶端有一些真正的富人。为什么不把公司的服务对象锁定为他们呢？贝立兹的广告也随之发生了变化：从前只是普通地宣传语言能力，如今则改为穿着考究的女性打开奥迪车门，手里拿着贝立兹的材料去上课。事实证明，这种改变卓有成效。

鉴于贾斯特斯在巴西改革的成功，贝立兹便请他帮忙重振美国的业务。我前往位于新泽西州普林斯顿附近的贝立兹办公室，与他见面聊天。这时，所有人都意识到公司内部问题重重，对之矢口否认的阶段早已过去。而他们面临的第一个挑战就是找到问题。贾斯特斯对美国业务的看法之一是，语言技能培训在美国是一件可有可无的事，而非必须要做的事。他解释道，在世界上大部分地区，不会讲英语将会成为事业发展的一大阻碍，因此推销语言培训课程相对比较容易。然而在美国，你必须要先创造出一种对语言学习的需求。那么，从哪里开始呢？贝立兹对每一位打电话咨询课程的客户进行长期追踪。贾斯特斯发现，每10位咨询者中，真正报名的只有三位。所以，他的第一要务就是调查那些没有报名的潜在客户。而得到的反馈基本上都是定价过高，课程安排不够灵活，以及缺乏创新。正如贾斯特斯所说："这的确令人沮丧，但也意味着我们拥有巨大的机会——我们要做的还有很多。"

贾斯特斯和他的团队开始大力解决价格、灵活性和创新性方面的问题，他们引进了新的模式、产品、教学法以及价格体系，旨在使基本的卖点焕发生机，让它成为创新的起点。贾斯特斯在推出的"贝立兹连接"等新产品中，废除了死板的时间安排要求（其中大部分是随着时间增长的，以迎合老师为目的，而非适应学生）。课程可以通过面授或是虚拟手段实现，也可以录制下来。贝立兹还在课程中添加了一些文化元素和小测验，学生还可以重复播放那些没能牢记的课程片段。贝立兹的支付方式也发生了变化，从传统的一次性预付款转变成如今的定期支付。此外，公司还引进了"贝立兹虚拟教室"，使分散在各地的人们可以享受群体定价和互动。贾斯特斯告诉我，这种模式将大大提高阿拉伯语课程的业绩，因为在美国，每年有1 500人咨询阿拉伯语课程。但是由于这些咨询者分布过于分散，贝立兹传统的小组课程并不适用于他们。而随着虚拟手段介入到传统授课当中，那些以前无法上课的人们现在也可以报名了。

贾斯特斯没有固守已验证的旧模式，反而在短期内重振了贝立兹的业务。从长远角度出发，贝立兹新任 CEO 希望把公司定位成文化培训和全球教育机构，与其他公司联手打造全球化的合作团队。你可以把它想象成一座以语言为根基的金字塔，向上依次是文化理解、公司推崇的多样性，与包容性以及全球领导力。

贝立兹还采取了新的品牌宣传方案，用幽默的方式强调语言能力的重要性。他们有一则很火的视频广告，在 YouTube 上的点击量达数百万。在这则广告里，一位德国海岸警卫队员接到无线电求救：

  "May Day, May Day, we are sinking!"（"求救，求救，我们在下沉！"）

  "Hallo—Zis is ze German Coast Guard."（"你好，这里是德国海岸警卫队。"）

  "We're sinking, we're sinking!"（"我们在下沉！我们在下沉！"）

  "What... what are you sinking about?"（"什么……你们在思考什么？"[①]）

这时画面突然停止，出现了一句标语"请提高你的英语水平"，随后在激昂的背景音乐中出现一句宣传口号："贝立兹——语言，拯救生命！"

---

① 这里将"下沉"sinking 误解为"思考"thinking。——译者注

寻求反证，而非确认

心理学家称，每个人的思考过程都带有普遍的偏见：寻求能证实自己想法的信息，拒绝存疑信息。这被称作"证实偏差"（confirmation bias）。这在组织管理中也会出现，也就是寻求能够证实公司一切正常的证据。新战略手册中提到要寻求反证，正如贝立兹公司的贾斯特斯所做的那样。这种想法旨在创造一个大环境，让大家可以分享"世事万变"的证据，促使大家采取行动。这在组织管理陷入困境时最易达到，表面上看一切顺利时，反而最难实现。

如果有人对此有所关注就会发现，其实这些证据早已存在。这个问题随后就演变成一场"谁在组织中有可信度和影响力，谁就能使当权者对此加以重视"的博弈。要实现这个目的有以下几种方法。

◆ **第一，利用 CEO 的决策力，自上而下进行。** 如果策略变化会使其他高层领导受到挑战或面临风险，那么这就是唯一可行的办法。一个做咨询的朋友给我讲述了一个他做过的最糟糕的项目。那是一家正面临数字时代的通信公司。据他讲述，该公司要求顾问团制订一个策略，使它们在数字时代仍能维持业界地位。顾问团建议推出的策略与后来威瑞森公司推出的 FIOS 光纤网络服务类似，而这项提议需向公司的 30 名高管汇报。然后他说道："我们设计的新组织只需要 4 名高管，那么你想让其余 26 名高管投票，放弃自己的工作？这个项目从一开始就注定要失败。"不同于威瑞森的 CEO 塞登伯格，这个公司的 CEO 是个和事佬，他缺少的恰恰是果断推出新战略的能力。于是，在不经意间这家公司就销声匿迹，淹没在随后而至的电信合并大潮中。而那些对顾问团所提出的巨变持反对意见的高层们，最终还是丢掉了工作。

◆ **第二，授权给一个团队的内部人员、外部人员或二者相结合。** 这个方法旨在收集、筛选证据，并将可能产生的后果反馈给公司决策者。我的一位医疗器械公司的朋友告诉我，他的公司刚刚设立了一支"破坏性分析小组"，试图分析如何打破公司的经营模式。他们有独立于企业主流业务的组织和预算，是一支拥有专项资金的独立小组。

◆ **第三，通过专家获取早期预警。** 道格·史密斯（Doug Smith）是我非常要好的同事，也是研究鼎盛企业如何走入歧途的专家，他所撰写的关于施乐公司的《探索未来》（*Fumbling the Future*）一书被视为业内经典。我向他请教，对于那些优势日益消退的公司，他是如何与那些决策者沟通的。史密斯给出的建议是，公司与专家就优势的来源究竟能持续多久进行具体的对话。正如他所说："也许我会在公司实行新的管理流程，即'可持续优势研讨'流程。我会将它与其他流程区分开来，单独处理，它需要特别关注。"他还建议，公司应主办会议，出资邀请专家来详细阐释公司现有的优势即将受到怎样的破坏。

◆ **第四，利用内部网络获取关键信息。** 美国人汤姆·罗伊（Tom Roy）曾在法国米其林公司（Michelin）担任人力资源高级执行总监。他获取信息的方法只能用"秘密"来形容。汤姆·罗伊做事向来不屈不挠。正如他所说，"如果最高层领导阻拦我，我就找其他人，5 人中至少有 2 人愿意听我的建议。然后，我和他们一起设计模拟实战流程，通过一天的角色扮演和洗脑会议，他们就会明白，其他人正在采取的战略会将他们置于死地。"最终，通过实战游戏来模拟现实，高管们不得不承认，现实中确实存在种种隐患，因此需要集中精力去思考如何解决这些问题。

THE END OF COMPETITIVE
ADVANTAGE 竞争优势智慧洞察

寻求反证的 4 种方法

◆ 第一，利用 CEO 的决策力，自上而下进行。

◆ 第二，授权给一个团队的内部人员、外部人员或二者相结合。

◆ 第三，通过专家获取早期预警。

◆ 第四，利用内部网络获取关键信息。

我在与其他公司合作时，曾用过上述所有方法。其中较为有趣的一次经历，是与法国安盛公平人寿保险公司（AXA Equitable）的阿德里安娜·吉德（Adrienne Johnson Guider）合作。我们打造了一支独立于公司之外的资深团队，并以"非传统竞争者如何冲击核心业务"为主题，进行了角色扮演。那次场外会议提出了一些有关新合作形式的想法，同时也使人们对局势不妙的早期预警更加警醒。一位高管这样告诉我此事的价值：

有些人说我们不知道要从何开始，事实并非如此。价值在于，与认同我们的人在会议结束后达成共识，知道我们要做什么。

决策快速准确，而非缓慢精准

在瞬时竞争优势的竞技场中，时间至关重要。既然优势不能长存，那么企业就更需要快速采取行动。如果决策缓慢，就会付出极大的代价。为验证这一观点，我曾与麦克米兰做过一次思考实验。麦克米兰开发了一种名为"准系统"准现值计算器（"BareBones" NPV calculator）的电子表格计算工具，用户可通过这个工具输入与竞争优势大小相关的数值，包括启动时期、扩充时期、再开发利用的数值以及竞争优势的持续时间。然后，我们将这个工具应用在用户准备提交核准的新项目上。我们发现，当高层管理者提议延迟 6 个月做决定时，项目在整个周期中总价值减少了 120 万美元。管理层决策缓慢，资产损失会相当惨重。

提高快速决策能力是公司管理所面临的一大挑战。多数大型企业的董事会，其本身就不是行动迅速的机构。我在哥伦比亚大学有位专门研究董事会的同事，他叫比尔·克莱珀（Bill Klepper）。我曾请教他有关董事会监督与介入时机的问题。他认为，如果公司要求董事会介入的频率每年高于三次，就将极大降低员工在董事会任职的意愿。因而导致一个严重的问题：如果市场上的竞争节奏比公司管理的节奏快，随之而来的管理拖沓将严重减缓重大决策的制订。

在愈加细化的市场中竞争，意味着需要赋予企业里更多的人战略决策权。商场前沿变幻莫测，在机遇消失前，我们几乎没有时间翻来覆去地为高层决策者提供足够的信息。这就是近些年人们提倡采用的"出现并学习"（emergent and learning）策略，而非"计划"策略。然而，难题在于，当战略日益应用于众多细分的领域时，而每一个领域可能存在因采用不同方法而产生的不同竞争优势，那么该如何保证策略的一致性呢？

我做的研究和他人的相关研究都表明，这时就应该意识到共同价值观和企业文化所能发挥的作用。如果一个人明辨是非，那么他做事就不太可能过于离谱。然而问题在于，建立共同的文化和构架，需要公司、员工，以及其他资产之间的持续互动，而如今这种关系日益紧张。如果认为战略的制订、执行乃至公司能力都与特定人才有关，那么战略的重要一步就是要确保这些人才积极参与其中。

持续部署，从固有模式中学习

埃里克·莱斯（Eric Ries）是 IMUV 联合创始人兼 CTO，哈佛商学院驻校企业家，著有《精益创业》（*The Lean Startup*）一书。他指出，**潜在的成功者与失败者，不是通过他们的理念或是执行能力来区分的，而是通过他们的快速适应能力。**埃里克还指出，秘诀是一种他称之为"持续部署"（continuous deployment）的方法，即公司要迅速发现哪些事情不可行，以便更迅速地找到可行的方向。时任世界顶级创意公司 IDEO[①]纽约分公司的负

---

① IDEO 总裁兼首席执行官蒂姆·布朗的畅销著作《IDEO，设计改变一切》中文简体字版，已由湛庐文化策划，万卷出版公司出版。——编者注

责人瑞恩·雅各比（Ryan Jacoby），也是"持续部署"的一位有力支持者。近期，瑞恩在我的课上演讲时提到："固有模式就是用来打破的。越快速打破它，找到更好答案的速度也就越快。"

最根本的问题是，当你尝试新事物时，你不能迅速弄清楚如何配置要素才能成功。这表明，实验研究、试错学习和观察发现才是关键所在。然而，企业在计划开拓新业务时常常胸有成竹，但在实际执行中面临着更多的变数。我和同事在研究"发现驱动思维"（discovery-driven thinking）时，探讨了很多关于这方面的问题，在这里值得一提的是：该阶段要做好大量反复试验的准备，因为你无法预测接下来会发生什么事。这时，应该避免使用诸如预测、估计和目标等字眼，尽量用假设、反馈、关卡或里程碑之类的词来代替。当你仍在不断完善的阶段时，应尽可能在最短的时间内犯一些代价低却受益良多的错误。

优秀的创业家对这种方式屡试不爽。约翰博士产品公司（Dr. John's Products）的招牌产品——炫洁电动牙刷（SpinBrush），定价几乎与手动牙刷相同，但却具有价格昂贵的电动牙刷的功能。约翰博士产品公司创始人约翰·奥舍（John Osher）在描述该产品的设计时，提到改进的过程是如何开始和配合的，也提到这款产品是如何从概念发展为测试模型，又从固有模式变成经得起考验的设计。他发现，用了两周的牙刷毛会偏向一侧，为此，他设计出振动而非旋转的电动牙刷。如果没有固有模式，就不会有这样的发现。

只有发现市场真正需要的产品时，才应该考虑扩大业务规模。当那激动人心的时刻到来时，再根据竞争反应与用户接受度，考虑产品如何发展，这样才是有意义的。例如，苹果公司要求年轻的设计师模拟第二代或第三代产品将如何改进。他们不是追求一时的创新，而是拥有一系列为后续发展做准备的新技术、新发明。箱包制造商途明（Tumi）就采用了类似的研发流程，通过预测商务旅行者下一步的需求来不断更新产品价值。这样做是因为，既然已经不遗余力地深刻洞悉了客户需求，倒不如利用它来开发一系列创新产品。

企业即校园，领导即教师

以上内容对于公司在未来如何发掘、培训、发展和委任领导者具有深刻的启示。首先，公司不应再提拔那些只在产品研发领域展现能力的领导者。**尽管不是全能型人才，但领导者对每个阶段的需求了如指掌还是十分重要的，这样，企业才能在转型的关键时刻作出有效回应。**领导者也需要培养忧患意识，时刻搜寻市场与自身优势改变的证据，而不只是带回安抚人心却误导大众的信息。

我在前文中介绍了克里斯·戈帕拉克里什南提出的"学习力"概念，这一概念改变了公司人力资源配置的重心：**从以招聘现有技术型人才为主，转变为招聘能够习得新技能的人才。**在瞬时优势的背景下，你不见得通晓未来需要何种人才，所以学会对已有人才资源进行合理再配置十分重要。

领导力的增强，是促进企业从一种优势转变到另一种优势的重要驱动力。这表明，尤其是在希望留住人才的时候，公司有必要着重发展领导力。我们能够清楚地看到，超凡增长企业就会投入大量资金，以确保在真正需要领导者之前就做好万全准备。即使环境变化，领导者也可以通过培训强化价值观，以保持战略的一致性。例如，印孚瑟斯培养领导力的理念是"公司即校园，业务即课程，领导即教师"。每一位高管都将教导下一代领导者视为己任。

靠近悬崖：美国铝业公司领导新思维

在瞬时优势背景下，即使公司遵照新战略手册行动，并逐渐步入正轨，在不稳定且不可预知的世界里也难免出现失误。公司从既有优势向新优势转换极其困难，也很难确保执行时正确无误。这也暗示我们，评判领导者的好坏不应该看他们是否出过问题或犯过错误，而应该看他们如何帮助公司渡过难关、找到下一个阶段的竞争优势等。正如之前谈到西麦斯公司时所说的，公司一旦出现问题，之前获得的诸多成就会被大众的猜疑所抹煞，这实在令人沮丧。因此，观察一家公司在面临核心业务遭遇滑铁卢时，它如何成功自救将会大有帮助。

克劳斯·克莱因菲尔德（Klaus Kleinfeld）是一个充满魅力且精力十足的人。我第一次见到他是在微软 CEO 峰会上，他当时为德国工业巨头西门子公司管理美洲事务。后来，他离开西门子公司，进入美国铝业公司

（Alcoa）担任董事兼首席运营官。2008 年 5 月，他又被任命为美铝的总裁兼 CEO。

我们必须清楚：当克莱因菲尔德来到美铝时，其管理部门绝非一个松散的团队。当时的 CEO 阿兰·贝尔达（Alain Belda）是个非常受人尊敬的领导者，前任保罗·奥尼尔（Paul O'Neill）也是一位传奇人物。美铝多次上榜"最佳管理"公司名单，在安检等方面的创新也广受赞誉。的确，当你走进宏伟壮观的纽约利华大厦，与你能想象到的含砂铝土矿距离遥远，你不仅会被贴上安全标签，还会有人向你展示如何安全地在这片空间中航行。

作为新上任的 CEO，克莱因菲尔德很快便投入到工作中。全球经济低迷使得铝矿价格几乎在一夜之间跌到谷底。克莱因菲尔德回忆道："经济不景气的确很可怕，全球交易所中铝矿价格下跌超过 50%，而我们的客户也因产品需求量下降而取消订单。2008 年夏季铝矿价格约为 3 200 美元，2009 年 1 月下跌至 1 100 美元。在那种情况下，我们的生意好像走到了末路，没有办法快速收回成本。当时感觉真有大麻烦了。"

回顾过去，他总结说："那段时间，公司一直以高昂的铝矿价格运行着。"克莱因菲尔德将铝矿价格暴跌作为行动的号角。他把公司事业部的领导召集到美铝纽约总部，在那里召开了为期两天的紧急闭门会议。

第一天用于评估公司的业务情况，会议并不轻松，一次次展示详细说明了客户所面临的严峻现实：有的停产，有的入不敷出，还有一些客户的业务在美铝的许多终端市场陷入停滞或急转直下。当然，铝价暴跌也使得美铝的运营资本全部流失。最后，领导团队身心俱疲，结束了第一天的讨论。正如克莱因菲尔德所回忆的那样，"大家都认为我们已经穷途末路了。"

第二天，与会者压力都很大，大多数人都坐不住了。克莱因菲尔德这样描述当时的情况："在明显的恐惧、焦虑气氛中，我把白板推进来，关上门，说'找不到应对资金危机的方法，我们就不能离开。'"整个团队便埋头工作，首先计算出企业渡过危机所需的资金量。之后克莱因菲尔德站在会议室前面，手拿记号笔，把这场讨论由问题转向了解决方案。当他把所有可能的资金杠杆写到白板上时，脑中闪现了很多主意，例如剥离资产、削减开销、冻结工资、减少冶炼厂，又或是改变公司与供应商、采购方的合作方式。各种方法都拿出来讨论。

前进的道路逐渐明朗起来。那天晚上，团队确定了7种重新调整和设计美铝公司运作方式的主要方案，而问责制是重中之重。如克莱因菲尔德所说：

> 我们决定，领导团队的每位成员都要担任一个额外的职务。他们有自己的日常工作，但是在这场危机中，我们不能让高层人员只担任一个职务，而是要让每个人都在我们的"现金可持续计划"中负责一个特定方案。我们也为每个方案选派了新生代领导者，给他们额外的表现机会。

克莱因菲尔德表示，领导团队并没有像预料中那样难以承受面前的大量工作，反而"极富积极性"。一想到美铝公司有可能利用这次危机发动大型改革、实现不断进步，从而变得更加强大，他们就倍受鼓舞。

更富戏剧性的一幕是，这个故事里还出现了一个意料之外的曲折情节。美铝公司最大的业务部门"全球初级产品"的首席财务官凯文·安东（Kevin Anton）为赶上回家的最后一班飞机，提前离开会议前往机场，登上了一架全美航空公司飞往北卡罗来纳州夏洛特的飞机。这本该是一趟极其普通的航班，但飞机在起飞三分钟后因为撞上一群飞鸟而失控下降。幸亏飞行员切斯利·萨伦伯格（Chesley B. Sullenberger）[①]，飞机才在哈得孙河上奇迹般迫降，机上 155 人全部获救。而在美铝公司会议室里，仍在讨论的与会人员正望着窗外早早落下的冬阳出神，这时突然接到该飞机沉入冰冷河水的消息。克莱因菲尔德事后描述："我们都震惊了，冲出会议室，试着打听消息。"当时电视里正播放着这则新闻，安东打来电话说他没事。公司为他安排了一架飞机，让他连夜回到忧心如焚的妻子和两个儿子身边。有趣的是，安东后来表示，飞机迫降时他想到的第一件事却是，所有飞机 85% 的部件都是由美铝公司的铝材制成的。他后来回忆说："我很幸运，美铝公司的铝的质量太好了！"

9 个月后，安东终于取回了留在那架飞机上的公文包，包里放着领导团队在白板上写的内容原稿，哈得孙河的河水在上面留下了斑驳的水渍。安

---

① 看英雄机长如何用一生的信仰寻求安全之路，推荐阅读《最高职责》（Sully），此书已由湛庐文化策划，北京联合出版公司出版。——编者注

东把这份原稿装裱好，作为装饰品放在美铝公司的办公室里，直至今日。

回到工作中，团队重新考虑了之前被认为难度太大或太激进而遭到否定的想法。例如，锻烧焦炭是美铝公司冶炼厂在电解制铝过程中使用的最重要的原材料之一。公司之前一直购买某种优质焦炭，其供应商的要价远远高于低质焦炭。起初在生产过程中，以低质焦炭替代优质焦炭的努力不幸失败了，这导致生产过程极不稳定。这是冶炼厂操作员已经预料到的，那次失败也证实了他们的预测。他们清晰地阐明了观点："采购部和技术专家对电解车间的现实情况一无所知。"

而这次危机使现场工作人员和技术专家建立起一种新的、看似不太可能的联盟。因为公司如果不能战胜这次危机，就很可能关闭冶炼厂。正如克莱因菲尔德所说：

> 电解车间的操作员认为，用低质焦炭替代优质焦炭只是采购部和所谓的技术专家提出的非常理论化的想法。同时他们也明白，这一"古怪的想法"如果真的奏效，将极大地降低成本，并使工厂免于限产。

因此在这场危机之下，他们接受了这一想法，与专家们通力合作，最后大获成功，为其在全球范围内的冶炼厂运营设立了新的低成本标准。

这次，冶炼厂要求与采购部及技术团队合作，并实现了这一设想。第一次测试成功后，克莱因菲尔德在致全球 59 000 名雇员的季度信函中，赞扬了这个联合团队所取得的成绩，鼓励所有雇员质疑现有惯例，应用公司技术中心的创新成果，展开团队协作以降低成本，增加现金储备。

要想在艰难的局势中突破重重阻碍，CEO 的心理压力无疑是最大的。尽管每位主管都难免要应对经营惨淡的时刻，但即使是在最沮丧的时候，CEO 也不能显露出信心不足的样子。克莱因菲尔德面临的考验是他需要通过发行股票筹集资金，然而，当时正处于经济危机最糟糕的时期，没有人敢筹资。在短短的两天之内，他与 200 多位投资人会面，他承认：

> 这个过程非常累人，并且有点令人沮丧，因为投资人反复告诉我："你的前任 CEO 之前也对我们作出过承诺，现在我们又为什么要相信你？"所以当我在描述"现金可持续性计划"的 7 种财务杠杆时，我把它们称作"7 个承诺"，用这些投资人的措辞向公司股东表现我们的信心。结果，我们以低得多的成本筹集到 14 亿美元的资金，超过了原定 10 亿美元的目标。这笔资金给我们带来喘息的空间，让我们有时间落实计划。

相较发展迟缓、资金流动性低的竞争者，"现金可持续性计划"的最终成功给公司带来了持久的优势。克莱因菲尔德指出，如果在经济低迷时期还能拥有资金，就可以把它们利用在较稳定时期不会出现的机会上。结果证实，这促成了美铝在业务管理方面彻底且积极的变化。迄今为止，该计划已经超越目标，省下了 26 亿美元采购成本和 5.09 亿美元间接费用，减少了所需的资金投入以及美铝被套营运资本。从低增长业务撤资后，在美铝的余下业务中，90% 以上占据市场顶尖地位。

重新启动增长引擎

在整场危机中，美铝始终着眼于未来，尤其是增长领域。除了完成在中国和俄罗斯的现代化项目外，美铝继续建设其在巴西的矿井和精炼厂，经济危机爆发时，该工程只完成了 70%。随着资金状况的改善，公司有了足够的底气，在沙特阿拉伯签署成立了一家合资企业，将着手建造世界上成本最低的整合炼铝设施。该项目包括矿井、精炼厂、冶炼厂和轧钢厂，被克莱因菲尔德称为"提升美铝中上游业务竞争力的难得机会"。克莱因菲尔德特别指出：

> 促使我们完成巴西、俄罗斯和中国基建项目的动力是来自内部的强烈信号——我们决心走出危机，并且变得比以前更强大。随后的沙特合资企业为美铝打了一剂强心针，让我们确信自己真的取得了成功。

> 如果在行动计划中只关注成本，而不考虑发展，就不可能成功调整公司结构。人们只有认为自己是构建坚实基础的一员，并且能够预见更美好的未来，才会燃起热情，在困境中奋斗。对于雇员、投资人和其他股东而言，正是"发展"这一理念激起了他们的斗志，让他们经受住巨大的失望，专注于自己能控制的方面，并且充满信心、毫不犹豫地作出困难的决定。

美铝公司管理团队的一名职员在反思公司经历两年危机之后崛起的过程时，对"现金可持续计划"评价道："面临某些非常严重的金融风暴时，我们不仅没有让船下沉，还造了另一艘更坚固的船。"

思维模式决定企业命运

显然，瞬时优势背景下所面临的诸多挑战，要求不同于稳定时期的组织假设和领导思维。具备找到实际信息、直面坏消息并设计有效应对方案的能力和意愿非常关键。与柯达公司不同，贝立兹和美铝等公司的领导者意识到，即使是卓越的百年企业，想要蓬勃发展，仍需改变运作模式。学习力原则强调持续投资人才，即使公司并不知道这些人将来会做什么。此外，我们也必须杜绝为寻找正面消息而只验证既有假设这一倾向。

本书主要探讨了企业在特定优势转瞬即逝时，如何保持竞争力和稳健经营，但仍有一系列悬而未决的问题，那就是所有这些竞争对个人的影响。我们的社会和经济体系，从提供医疗保健、退休义务到规划教育和职业生涯，都建立在机构长期运行、优势不断延续的假设之上。随着瞬时优势经济的出现，这些假设都需要重新考虑。在下一章中，我们将关注瞬时优势对于个人的意义。

THE
END OF
COMPETITIVE
ADVANTAGE

07
个人影响，掌握瞬时
竞争力迎接未来挑战

在持续性优势主导的世界，你可以凭借一技之长规划职业道路，与公司维持相对较长的雇用关系，但在瞬时竞争优势背景下，这样的技能已不足以保障你的舒适生活、丰厚收入。那么，我们应该如何为未来做好准备？

在不久的将来，创业机会增加，职业变种增多，这意味着想在职场中小憩之人有更多的选择机会。更多的人有必要、也有很大机会获得技能和接受教育，以提高自身在瞬时优势经济中的工作效率。无论你喜欢与否，瞬时优势经济现在就与我们同在，且毫无消退迹象。希望在了解新形势下成功人士和组织机构的发展案例之后，你能深受启发、倍感振奋。

THE END OF
COMPETITIVE
ADVANTAGE

本书主要探讨瞬时优势如何影响战略制订、企业抉策以及组织运作。最后这一章将有所改变，关注瞬时优势对个人的意义。在持续性优势主导的世界里，你完全可以规划职业道路，与企业维持相对较长的雇用关系。但是在充满瞬时优势的世界，正如前文所说，就像拍电影、备战奥运，或参与竞选一样，相关组织都随竞争需求而成立，而解散，而改变。前文提到，根据美国劳工统计局资料显示，企业雇用的临时工越来越多。在某些行业，例如零售业，雇用关系有了翻天覆地的变化：过去的雇员多为全职，而如今多为兼职，且工作时间弹性较大。瞬时优势也与个人相关，企业依赖过时已久的优势就会招来不良后果，个人也一样，不能指望掌握一时有用的技能可以保证以后都生活舒适、收入丰厚。接下来让我们思考一下，在瞬时优势的世界里，个人应该如何考虑自己的职业前景（见表 7-1）。

表 7-1	新战略手册：个人影响
过去	**现在**
组织系统	个人技能
稳定的职业道路	临时工作颇多
等级制度、团队模式	凸显个人
求职频率低	不断精进职业生涯
组织管理型职业	个人管理型职业

竞争优势，关键在人

瞬时优势的一个意外结果就是，**有技能、有能力帮助企业接连度过难关的人，得到的回报比以往更丰厚**。过去，这类人才往往由组织内部培养，其技能只能运用在特定公司的运营中，因此，在其他条件相同的情况下，这些对其他组织而言价值较低。

具有讽刺意味的是，压力促使企业摆脱永久拥有资产的束缚，但也产生了新的依赖模式。如今，对掌握稀缺且有价值的知识、技能，并有能力创造新优势的人才，企业颇为感激。尽管拥有这些能力的人只能在某个时间服务于某个特定的组织机构，但是个人的持续性竞争优势确实是恒久的。

战略家安妮塔·麦加恩（Anita McGahan）在涉足战略领域之初，长期观察行业及行业如何变化。后来，她一直在反思，甚至觉得只能从个人层面理解竞争优势。她对我说："在华尔街的一栋楼里，某一层有家信托公司，持有许多客户信托的有价证券。25 年来，公司业务一直在持续，从未改变。

同样的人做着同样的事，职业生涯畅通无阻。同时，这家公司与纽约银行
（The Bank of New York）、花旗集团、摩根大通等五六家公司联系紧密。"换
句话说，这些人并不依赖组织创造优势来获得薪资；相反，是组织依赖他
们，否则就没有竞争力。安妮塔表示：

> 如果你开始有这种想法，那么你对竞争优势的看法也就变了。越
> 来越多的竞争优势来源于人际关系。人们拥有知识，掌握人脉，只有
> 这些人知道如何管理这些资产。人际关系比拥有这些资源的公司更长
> 久稳固。那些人变成圈子里的专家，善于从资源中提取价值，有时是
> 获得薪资、获得优先认股权，有时手段则更为强硬，进行并购。我们
> 看到的是分析的错误层面。

个人资产比组织资产更重要

瞬时优势意味着一些员工、特殊投资者、承包商等，因为公司的成功，
而从公司盈利中获得大小不均的利益。此外，安妮塔指出，员工在其职业
生涯中创造的"资产"比很多企业资产更为持久，更有价值。在硅谷，人
们都知道雇员可以泰然自若地更换公司。常有人说："我工作换了，拼车人
可以不用换。"换句话说，某种持续性竞争优势其实存在于个人身上，而非
公司，这也是个人获得报酬的原因。

来看一个有趣的数据。《财富》杂志评估 500 强公司的运行状况，指出
这些大公司的历史销售收益率在 2010 年为 4.7%（2009 年为 4%，比前一年

上涨 1%）。据美国人口普查局统计，美国人工资的中位数为人均 44 410 美元。如果以此作为基本销售案例来计算，将会得到一些有趣的"销售回报率"一类的数据。据人口普查局统计，美国普通公司（包括许多小企业）的 CEO，2010 年平均薪资为 20.4650 万美元，报酬率为 78.2%。如果与标准普尔 500 强 CEO 的平均薪资相比，美国劳工联合会 - 产业工会联合会（AFL-CIO）的平均薪资是 1 135.8445 万美元，报资率为 99.6%。大型咨询公司资深合伙人的薪资一般超过 100 万美元。顶级的商业演讲家一次演讲的报酬便高达 5 万美元，甚至更多。我并不是说这些数据非常有意义，也不希望在此争论 CEO 的薪资问题。然而，可以明确的是，在优势不可持续的情况下，虽然很多人所属的组织并不固定，但他们确实有机会出色地施展自己。

个人成功的旧轨迹不再适用

本书开篇就主张，我们需要改变思考策略的方式。过去几年，我们理所当然地认为，策略的最终目标是取得持续性竞争优势，而我们真正需要的，不是相信优势会长期甚或永远存在，而是思考瞬时优势，毕竟个人优势是不断变化的。在这种情况下，最佳的组织策略应当推动业务重组，而非需要大幅裁员或缩编组织。**业务割舍时学会审时度势十分重要。熟悉资源配置过程，并从组织内既得利益者手中夺回控制权也很重要。**系统化创新的能力不再可有可无。成功的管理者和领导者会把不同的思维带入业务，他们主张坦率，不惧怕面对坏消息。所以，个人成功的规则正在改变。

数十年来，至少在多数西方国家，人们普遍接受传统的成功观念，认为只要努力工作，投资教育和技能培训，为优秀的雇主效力，就能获得成功。类似地，雇主也担任了类似家长的角色。除了提供职位晋升和发展机会，传统的医保和养老金固定收益计划等福利，也在经济不稳定时为员工提供了一定保障。

许多这类旧式公司已经倒闭或被并购。那些幸存者，比如 IBM 也已经完全改变他们的运作方式。退休等之前依法由公司承担的风险，如今转由个人承担。虽然个别超凡增长企业仍提供终身职位和就业稳定措施，但他们"超凡"的地位已经表明，这种情况将不再是常态。

对追求传统职业生涯的人来说，这些变化带来的影响通常非常可怕。比如，几十年来收入不均持续扩大。你可能会认为，这对于上层人士是个好消息，但事实上，普通人的收入不均与整体的经济增长放缓、个人机会减少都有关，就连过得还不错的人能获得的机会也减少了。设法解决瞬时优势的企业四处寻找廉价资源，西方经济遭到大幅掏空。此外，成本缓冲使公司化身慈善的雇主，而导致成本缓冲的竞争障碍却已瓦解。面对低价竞争者的威胁，多年来公司节节败退。在这个瞬时优势的背景下，公司留下的人才，将是领导者认为在未来不可或缺之人。

另一种选择是，放弃或多或少呈线性的职业道路。环境模糊不清，还不能确定哪些技能有价值，哪些人脉最重要，抑或你最终将投身的商业模式是什么。正如《快公司》（*Fast Company*）杂志指出，"流动"将逐渐成为更多人的职业常态。他们会发现自己不断地换工作，而不是留在同一个企业内晋升。横向的移动会更多，而为你创造这些机会的组织本身，也可能是短暂的。

面对瞬时经济，你有多脆弱

我鼓励公司要预测到他们的竞争优势可能衰退，也鼓励个人这样想，并据此进行相应的职业规划。从实际角度看，这意味着永久的职业规划将持续存在。公司需要不断投资以发现新一波优势浪潮，个人也需要投资自己以维持技能，与时俱进、取得成就、提升价值，更好地经营自己。始终把自己当作在找下一份工作，并为此筹谋，就很少会因缺乏准备而措手不及。

所以，就瞬时优势来说，个人应从何处入手考虑职业生涯呢？首先，做一下分析，完成表 7-2 中的个人评估。如果对某一问题的回答为"否"，则可能在该领域存在弱点，需要考虑着手解决。如果有 5 个或以上的回答是否定的，就该马上采取行动了！在本章的其他部分，我会带你亲历顺应瞬时优势规划个人发展策略的整个过程。

即便被解雇也能找到薪资相当的类似工作

这里你需要考虑两个问题：第一个问题，是你所在的组织有多大的可能性会陷入优势衰退的泥沼，而你自己会处于该转变过程中弱势的一端？

（参见现有竞争优势受到威胁或开始衰退的信号）

表 7-2　　　　　面对瞬时优势经济，你做了多少准备？

问题	答案
如果被解雇，不难在其他公司找到薪资相当的类似职位。	是 / 否
如果失业，我也早有准备，知道下一步该做什么。	是 / 否
过去两年，我至少在 5 个不同公司担任过重要职务（如就业、咨询、志愿服务、合作等）。	是 / 否
过去两年，我学到了一项新的重要技能，无论是否与工作相关。	是 / 否
过去两年，我曾参加实体或网上课程。	是 / 否
我可以不假思索地说出至少 10 个可以为我提供新机遇的人。	是 / 否
我积极参与至少两个职业人脉网络或个人社交网络。	是 / 否
我有足够的资源（储蓄等），可以花时间接受再培训、做薪酬低的工作或当志愿者，以获得新机遇。	是 / 否
除固定薪酬外，我还可以通过多种活动获得收入。	是 / 否
如有必要，我可以为寻觅机会搬到新的地方或踏上旅途。	是 / 否

第二个问题，是即使公司目前用不到你现在掌握的技能，这些技能是否可以用在其他地方？

如果你认为所在公司的优势可能逐渐消失，会对自己造成不利影响，那么，你有两个选择。一是动员公司领导者改变持续性竞争优势的思维，并开始落实我在书中提到的做法。二是你需要说服足够多的人，让他们相信改变是必要的，并开始思考公司如何找出下一代的优势。需要采取的措施前几章已经讨论过。

瞬时竞争实践

竞争优势衰退的早期觉察

以下情况越多，事情越糟糕

◆ 我不买自己公司的产品和服务。

◆ 我们的投资相当，甚至投资更多，但没有获得相应的利润或成长。

◆ 顾客找到更便宜或更简单的解决方案，而且觉得那"足够好了"。

◆ 竞争来自意料之外的地方。

◆ 顾客不再对我们的产品感到兴奋。

◆ 我们想招聘的人才不认为我们公司是工作首选。

◆ 最为优秀的员工开始流失。

◆ 股票价值被长期低估。

◆ 技术人员（如科学家、工程师）预测，新技术将改变我们的业务。

◆ 猎头公司不再把我们作为挖掘人才的目标。

◆ 公司增长已放缓或下滑。

◆ 过去两年里，鲜有创新产品成功上市。

◆ 公司削减福利，或将让员工承担更多风险。

◆ 管理层认为潜在的坏消息并不重要。

我们假设，无论出于什么原因，你认为自己不可能使公司快速改变，以适应变化；或者，掌权者不想失去既得利益，因此不会轻易改变决策，除非发生了重大的危机。在这种情况下，就有必要另做打算了。需要审视一下自己现在的技能和能力，除了所在公司，在哪些地方还能派上用场。如果现在所从事的活动将要消失，就需通过投资来提高自己的技能，并留心它们可能在哪些地方发挥用途（详见下文）。

如果公司受困于老旧的竞争优势，设置早期预警机制可以帮你争取宝贵的时间。你可以利用这段时间拓展人脉、另谋出路、培养技能，让自己变得更有价值，因为你绝对不想让自己措手不及。许多名噪一时的公司，一旦被竞争消磨掉优势，管理者就面临被淘汰的窘境。

即便失业也早有准备，知道下一步要做什么

准备好面对失业，并不仅仅意味着重新准备简历，也意味着做好准备，不断追求更好的职位（或自主创业，抑或担任咨询顾问）。但是在此之前，要认真处理好离职所面临的情绪波动，整个周期通常包括悲伤、愤怒、失落等情绪。给自己一个稍微难过一下的机会，毕竟这是很正常的事。

重整旗鼓之后，下一步就要制订一些策略。在这里，我汇总了职业生涯顾问福特·麦尔斯（Ford R. Myers）提出的"求职者工具包"。

THE END OF COMPETITIVE
ADVANTAGE 竞争优势智慧洞察

求职者工具包的内容

◆ 已取得成就的书面清单

◆ 自我定位宣言

◆ 个人专业传记（以第三人称叙述个人职业生涯，一页纸即可）

◆ 目标公司清单

◆ 人脉清单

◆ 一组专业推荐人

◆ 推荐信

◆ 人脉来往计划

◆ 跟踪系统

◆ 简历

如你所见，准备跳槽绝非易事，但是由于所在行业处于变化之中，因而具备转变职业生涯的能力至关重要。这方面有很多优质资源，比如迈尔斯网站（Myers's website）等，可以教你如何为事业转型做充足准备。

另外需谨记的一点是，尤其是当事业生涯开端即遭不顺的时候：几乎每个成功人士都经历过挫折，被炒过鱿鱼，或遇到过难关。J. K. 罗琳（J. K. Rowling）丢掉了国际特赦组织（Amnesty International）中的秘书一职，因为她并没有专注于本职工作，而是沉浸在对巫师的幻想中。她靠离职金过活，写出了全球畅销书《哈利·波特》；迈克尔·彭博（Michael Bloomberg）

由于人事纠纷被所罗门兄弟公司（Salomon Brothers）解雇，随后创立了彭博资讯（Bloomberg），将其发展为传媒帝国，彭博成了亿万富翁，曾连任三届纽约市长，而所罗门兄弟公司早已不复存在；《时尚》（Vogue）杂志主编安娜·温图尔（Anna Wintour）曾因"太前卫"而遭解雇，丢掉了她在时尚界的第一份工作；奥普拉·温弗瑞（Oprah Winfrey）曾被巴尔的摩电视台制作人从《晚间新闻》档的主持岗位上撤下来，说她不适合主持工作……是的，谁都不可能预测自己会从事什么职业，最好的方法是吸取经验、不断学习，为未来的事业做好充分准备。

过去两年内，至少在 5 家公司担任过重要职务

当今职业生涯不太可能局限于一家公司，与各种类型的组织交流合作将使你拥有更多的选择。《快公司》杂志在"世代流动"（generation flux）文章中指出，多数人已从根本上改变了对"职业生涯"的认识，不再认为职业生涯是沿着既定轨迹精进技能，而是尝试多种工作。虽然每个岗位工作时间有限，但都有助于技能锻炼、人脉积累以及能力提升，接下来的工作价值更高，从而下个雇主会认为他们价值更大。

在瞬时优势的经济中，置身于多种不同的工作环境中，这无疑可以增加就业机会。软银集团创始人孙正义持有雅虎日本的大量股份，他的一生可谓精彩。孙正义出生于日本佐贺县鸟栖市的一个韩裔家庭，父亲是一位养猪农户，同时私下卖一些私酿酒，最终做起弹珠机赌场的生意。据《华尔街日报》报道，他深知在日本身为少数民族的劣势地位，于是说服父母允许他到美国读高中。后来他考入加州大学伯克利分校，也正是在此开始了他的创业生涯。他说服了一位教授为其设计最初产品，再以 50 万美元的价格授权给夏普电子。后来，他先后进军电玩等领域，其中有些事业并未成功。1981 年，他回到日本，创立软银集团，起初是做软件分销，之后入股多家互联网公司，包括 Comdex 电脑展、齐夫 - 戴维斯出版公司（Ziff-Davis Publishing）、雅虎、阿里巴巴。互联网泡沫破裂后，2002 年软银的市值比巅峰时期下跌了 98%，孙正义的个人财富也大幅缩水。他最终转向电信业，先是发展宽带，后又进入手机行业。如今，孙正义提议与美国 Sprint 公司合作，这可能会撼动美国的无线网络服务市场。从其创业精神以及后来取得的成就来看，孙正义的职业生涯都非比寻常。不过，"尽可能多得接触多家企业"这一原则是普遍适用的。

过去两年，我学到了一项新的重要技能

瞬时优势经济带来的一个明显影响是：**终身都要积累新技能**。另一个影响是，你不知道那些并非为了工作而学习的技能会在何时变得有价值。苹果创始人史蒂夫·乔布斯喜欢讲述他大学时旁听书法课的故事。书法同科技看似没有太大联系，但后来，正是因为乔布斯对书法的了解才造就了计算机字体在 WYSIWYG（所见即所得）屏幕上的呈现方式。这就是论证本节主题的绝佳例子。

稀缺技能也可能使人脱颖而出。在哥伦比亚高管教育课上，一位学员讲到他的制药公司在进入中国市场时遭遇的困境。他说："你知道在我们全球化的公司中，报酬最高的推销员是谁吗？"我说不知道，他说："是那些销售业绩很棒，又能说一口流利英语的人。"

当然，可以通过正规培训来获得新技能，也可以考虑通过一些非常规渠道去实现这个目的，比如参加志愿服务和社区项目都是不错的选择。总之，应该不断驱策自己学习新技能，或者说不断往个人工具箱里添加新的工具，因为你永远不知道它们何时会派上用场。

要培养技能，还有一种令人兴奋的新方式：参加可汗学院（Khan Academy）等组织提供免费网络课程。可汗学院成立于 2004 年，创始人是孟加拉裔美国人萨尔曼·可汗（Salman Khan）[①]，他拥有麻省理工学院和哈佛商学院的学位。可汗学院成立的契机是，萨尔曼·可汗的表妹纳迪亚向他请教数学题，他便利用雅虎的 Doodle Notepad 进行远程辅导。后来，其他亲戚也纷纷找他帮忙，于是他索性把课程录成视频上传到 YouTube 网站。这种独具创意的教学方式大受欢迎。2009 年，可汗辞去了避险基金分析师一职，专心致力于辅导教学。如今，可汗学院提供简短的教学视频，教学主题极为广泛，同时网站还具备许多辅助功能，如评分、进度跟踪等功能。可汗学院最大的影响在于，它颠覆了传统教学方法。在传统的教学中，老师白天讲课，学生晚上回家做作业，巩固课上所学内容。但有了可汗学院

---

① 颠覆传统教育，引领一场真正的教育革命，推荐阅读《翻转课堂的可汗学院》《为未知而教，为未来而学》，两本书均由湛庐文化策划，浙江人民出版社出版。——编者注

的课程，学生可以晚上看视频自学，第二天在老师的辅导下练习应用所学知识。这是一种全新的教与学的模式。截至本书撰写之际，可汗学院提供了 3 600 多个免费教学视频，每个视频只有 10 ~ 15 分钟。每天只需花少量时间即可学习新技能，何乐不为？

过去两年，我曾参加实体或网上课程

对我而言，在瞬时优势环境下，最激动人心的发展就是教育比以往更触手可得，更大众化，也更个性化。随着数字化及全新学习方式的出现，任何人都可以通过网络极大地提高其技能及理解力。这种全新的方式无疑将会重塑教育事业。

哥伦比亚大学商学院高级管理课程

在哥伦比亚大学商学院工作的一个最大好处就是，我可以经常参与高管教育课程的设计和教学。这些课程大都是不超过一周的短期课程，不提供学位，目标是整合最出色的管理思想，与实践中的管理层分享。对于参与其中的管理者来说，这一课程可以使他们抽离日常繁忙的业务，结交其他行业的人士，这一机会着实难得。最重要的是，他们得以获得新想法新认识。1993 年，我成为哥伦比亚大学教员以来，看到在瞬时优势经济下，管理层课程随着管理者需求的改变而发生改变，觉得非常有趣。

曾经，高管教育课程与传统的课堂教学十分相像，基本上是教授授课，或引导大家积极地讨论案例。如今，虽然可能还会采取类似做法，但是课程中增添了其他元素。比如，哥伦比亚大学商学院的王牌项目"高级管理课程"（CSEP）中，课程设计侧重于指导意见和反馈，并融入教员、专业管理者教练及其他行业人员的意见。我们会引导学员不断完善自己的"个人领导报告"，其中他们会为其所困扰的、与战略问题相关的个人案例出谋划策并付诸实施。课程互动密切，而且学员有机会体验对等式的团队领导。课程中，有个环节叫作"管理福祉"，目的是引导学员关注自身健康。在瞬时优势的世界里，竞争压力重重，可能会对身体造成极大的伤害。

高级管理课程为期 4 周，需要学员全身心地投入，但学员收获颇丰。2011 年，法拉利北美分公司高管马尔科·马蒂亚西（MaraoMattiacci）决定参加课程。他说："职业生涯中，停下几周，调整自己、更新知识，这是很难得的机会，而且我还可以结识来自其他行业的人，学习不同领域的新思想。"这一培训课程的效果颇佳，2012 年 2 月，马尔科荣获了年度汽车高管奖。颁奖词中赞扬道，马尔科将自己业务领域的销售量提升了 20%，使法拉利在豪车领域的销量位居榜首。而他则将此归功于自己参加的 CSEP。需要说明的是，我虽然在 CSEP 任教，但并不是教务主管。该项目富有创意的设计应归功于保罗·英格拉姆（Paul Ingram）、布鲁斯·克雷文（Bruce Craven）以及舍恩·比彻（SchonBeechler）。

不过我也指导了另一个为期一周的短期课程，课程主题是"发展与革新"。课程设计的关键是将所有概念和架构应用到真实的个人案例中，从而实现强化学习，并帮助学员在此方面取得进步。有位学员是飞利浦电子中东和非洲战略与业务开发部门负责人，他告诉我，"学习引领战略性的发展和变化（LSGC）课程一年后，我们懂得：成长策略就是我们推动的计划以及管理计划的方式。

对于我们来说，LSGC 转变成了管理发展决策的系统，该系统更具组织性、更注重细节、更易追踪假设、结果也更清晰。这样，组织的内部人员会有更强的使命感，投身到事业的发展中来，比如会通过年度预算周期运行来筹措资金。正如我所说，如今的管理教育课程比过去更加注重其实际应用。

 瞬时竞争实践

在 CSEP 创建学习社区

过去，管理人员培训注重课程内容，教学多由教授主导。如今，顶尖培训项目已完全改变了这一模式，变得更加重视培训过程、价值观的树立及课程学习。并且，课程学习主要以学员互助的方式进行，教授在学习社区中主要扮演引导者的角色。在 CSEP 中，在学员到场之前就已经开始组建学习社区，并且会耗时良久。学员们会接受电话访谈，CESP 社群从首次会面时便积极为打造价值观奠定基础，之后则要构建团体共同价值观。在最近的一堂课上，学习社区选择的价值观如下：

◆ 互相鼓励

◆ 积极聆听

◆ 享受乐趣

◆ 信任对方、尊重彼此

◆ 为成功举办每一期 CSEP 尽职尽责

学员在培训中撰写"学习日志"，这有利于深入思考、领悟核心思想。我们同样鼓励学员利用课程时间放松身心，建立人脉，并在培训结束后仍能保持联系。

其他教育体验

并不是所有人都适合接受高管教育。你可以选择其他方式提升能力、继续深造。除了之前提到的可汗学院之外，社区大学、当地的艺术机构、职业学校等都是学习新技能的好去处。

世界各地的企业家已着手研发能通过不同途径传递知识的学习平台，其中一些平台非常符合成本效益。比如，总部位于旧金山的社会企业University Now，其宗旨是：建立全世界最经济实惠的大学，使每个人都有机会接受高等教育。该公司联合创始人兼 CEO 基恩·韦德（Gene Wade）认为，传统教育体系存在诸多问题，不能满足大众需求，而 University Now 则致力于解决这些问题，尤其是学习费用方面的问题，它让学费高不可攀的高等教育变得更加亲民，使更多的人能够支付得起高等教育费用。

斯坦福大学与麻省理工学院等高校率先研发出了大规模开放在线课堂（慕课）。随着慕课的出现，网络教育逐步变得更为实惠、更受大众青睐。

T HE END OF COMPETITIVE ADVANTAGE 瞬时竞争实践

选择培训课程时要考虑些什么

专属的教务主管或课程设计人员：能够在你学习过程中随时提供指导。

◆ 学以致用的机会：能够将所学知识应用到现实中。

◆ 多元化的参与者：来自不同国家、地域以及行业。

◆ 阅历相当的参与者（你一定不希望他们的经历与你相差甚远）。

◆ 与时俱进的课程内容：涵盖当今业内实例。

◆ 善于利用科技辅助学习（网页、应用软件等）。

◆ 在课程开始前先帮学员做好准备，课程结束后跟踪辅导。

◆ 不同学习风格的课程内容：或以行动为导向、或强调反思、或明确目标。

◆ 有足够的时间让大家进行反思及应用新知识。

◆ 授课方式多样。

◆ 机构有丰富的授课经验（陡峭学习曲线）。

至少有 10 个人能为我提供新机遇

在瞬时优势经济中，人际关系是少数能够长久维持的东西之一。建立人脉是维持个人价值、找寻机会、为他人创造机会的最有效方式。事实上，无数成功企业都极为注重与员工及客户之间的稳定关系。辉盛研究系统公司称，在过去的 10 年里，其客户保留率高达 95%。分析师发现，印孚瑟斯和高知特都有极高的客户保留率（最近的一次调查显示，高知特的客户满意度高达 90%，印孚瑟斯在最近接受我们的采访时也表示，其客户保留率可达到 95%）。英德拉系统在年报中称"维护公司、供应商及知识机构之间的关系是我们的主要任务，因为他们是公司创造价值的伙伴，也是开拓革新的同盟。"

聪明的企业也意识到，即便裁员和解雇在所难免，也需要维系好企业和员工之间的关系。全球领先专业信息服务和出版集团——威科集团 CEO 南希·麦金斯特里在向数字化世界艰难转型时，也不得不面对这一问题。我问她如何处理因转型而产生的员工冗余问题。有趣的是，威科集团解决这一问题的流程清晰严密：人事小组会优先考虑在公司内部调动。麦肯斯特里表示，在这件事情上，他们公司取得的成效颇丰。

办公室租赁公司雷格斯集团（Regus）的首席运营官鲁迪·罗伯（Rudy Lobo）清楚地知道，让员工体面地离职，无论对于个人还是公司都大有助益。他描述说：

> 起初，员工会经历一个很不理智的阶段。他们刚听到消息时会非常生气，但最终会冷静下来。然后我把他们一一叫到面前，跟他们一起经历整个过程。我跟那些身为丈夫或妻子的员工谈话，试图让他们往好的方面想……希望即便大家分道扬镳，也还是朋友。

我积极参与至少两个社交网络或职业人脉网

人际关系在工作中很重要，但其他类型的网络关系也不容小觑。这类话你肯定已经在求职指南中见过无数次了，这里就不再赘述，但我想简单强调的一点是加入团体。加入校友团体、社区团体、商会、读书俱乐部，等等，只要能够结交可以带给自己机会的朋友，任何团体都值得加入。

最近，让社交网络主动找到你成为一种新趋势，因为你的参与会为其增添价值。脸书等社交网络的使用人数越多，价值就越大。咨询网站、评论网站、经验分享网站都是进行社交活动的平台，因为这些都能为他人带来价值。

我有能力花时间去培训、做一份薪酬低的工作或当志愿者，以获取新机遇

瞬时优势经济的现实情况是：有时你需要先投资自己，才能采取下一步行动，而这就需要资源。因此，以这种方式竞争的基本原则之一是提高资源缓冲能力，以免自己囿于一个毫无发展空间的领域，或者因受限于资源而无法进行下一步。

提高缓冲能力的技巧之一是时刻想着预留备用资金。以物易物，控制可变成本，尽量缩减生活成本。因为债务或固定负担越少，就越容易节省资源。有时候，伴侣的支持可以帮你渡过难关。举个例子，我从政府机构的信息技术部门辞职，继而用了 4 年取得博士学位，整个转变过程虽然艰辛但也收获颇丰。而这一切都有赖于丈夫的全力支持，同意让我放弃工资收入并支付那段时间孩子的日托费用。

除固定薪资以外，我还能创造额外收入

瞬时优势经济时代的新发展趋势之一，就是除了固定薪金外，你可以通过多渠道开源，创造额外收入。渠道越多，转换工作对你影响越小。

你可以选择做兼职的网上助理，将你的管理才能转换成金钱。你可以承接外包业务（在此期间你也可以把任务外包给别人，从定制菜单到策划周岁生日宴都可以）。你可以在 eBay 上出售自己的旧货或帮别人售卖物品，也可以用简单易操作的 App 开发工具自行设计 App，还可以在亚马逊 Mechanical Turk 系统上完成人工智能任务，也能提供指导或咨询服务。

产品提供者会给参与者付酬，"代参与"在快经济时代同样也有市场。比如，游戏高手可以帮人代练，也可以将虚拟货币卖钱。除此之外，替人出谋划策或者提供支持都可以成为吸金之路。

为寻找新机遇，我可以择处定居

机会的竞技场可能在离你很远的地方。如果你能够彻底搬过去，或者随时准备启程前往机会之地，都会对你大有助益。我和一些经理主管打交道时，常对他们那奔波的一生惊叹不已：择一处定居，往返于一处或多处办公之地之间（通常需要乘坐飞机），已逐渐成为常态。

前文中提到的鲁迪·罗伯就是典型的例子。他总是四处奔波但又精力充沛。他告诉我，30 年来他搬了 30 次家，最后决定在英格兰郊区定居。而他的奔波绝非冲动之举，这都是因为鲁迪所在的公司掌握了瞬时优势的精髓。

雷格斯公司由马克·狄克逊（Mark Dixon）于 1989 年创立。而马克可谓是位经验丰富的英国生意人，他曾做过三明治生意、开厢车卖过热狗、还涉足烘培业，职业生涯历经跌宕沉浮。某天他坐在布鲁塞尔的一家咖啡馆，发现周遭坐着很多商业人士，因为离办公室太远，不得不挤在满是店员、学生、主妇的咖啡馆，艰难地写着笔记、做着手头的工作。因为在那个年代，如果你在外办公需要约人会面，只能选择咖啡馆或者餐厅。他因而发现了市场缺口，设立租用商务中心的想法便应运而生，他新的经商征程也在此展开。自此之后，雷格斯公司都能善用瞬时竞争优势的战略并从中受益，成为行业典范。

如今，雷格斯公司的商务中心遍及全球 95 个国家、550 个城市，并于伦敦证券交易所上市，成为英国富时 250 指数成分公司。雷格斯的发展一波三折，虽然在互联网刚刚兴起以及本世纪伊始时受过打击，但仍稳步发展：

扩大全球覆盖范围、拓展公司业务网络。如今，雷格斯公司业务范围之广泛，从灾后重建到虚拟办公室无所不包，也能够在地区部署和业务发展上收放自如。

快经济时代，迎接瞬时竞争的挑战

本书论述的前提是，所有战略都会受限，至少在实行了一段时间后总会遇到瓶颈。我们曾经的思维定式在产业稳定、趋势可预测、科技更新速度较慢时才是合理的。那时，战略是为了借助可持续竞争优势实现稳定。

快经济时代，这一战略思维已然土崩瓦解。为失去安定形势而叹息是很容易的，然而直面缺点与成本的调整确实也很重要。但我认为，我们也该为经济动态所创造的机会而振奋。在不久的将来，创业机会增加，职业种类增多，这意味着想在职场中稍事休息的人有更多的选择机会。更多的人有必要、也有很大机会获得技能和接受教育，以提高自身在瞬时竞争环境中的工作效率。

无论你喜欢与否，快经济时代已然到来，掌握瞬时竞争力已迫在眉睫。我希望通过阅读这本书，你能了解新形势下成功人士和组织机构的发展案例，并深受启发、倍感振奋。

未来，属于终身学习者

我这辈子遇到的聪明人（来自各行各业的聪明人）没有不每天阅读的——没有，一个都没有。巴菲特读书之多，我读书之多，可能会让你感到吃惊。孩子们都笑话我。他们觉得我是一本长了两条腿的书。

——查理·芒格

互联网改变了信息连接的方式；指数型技术在迅速颠覆着现有的商业世界；人工智能已经开始抢占人类的工作岗位……

未来，到底需要什么样的人才？

改变命运唯一的策略是你要变成终身学习者。未来世界将不再需要单一的技能型人才，而是需要具备完善的知识结构、极强逻辑思考力和高感知力的复合型人才。优秀的人往往通过阅读建立足够强大的抽象思维能力，获得异于众人的思考和整合能力。未来，将属于终身学习者！而阅读必定和终身学习形影不离。

很多人读书，追求的是干货，寻求的是立刻行之有效的解决方案。其实这是一种留在舒适区的阅读方法。在这个充满不确定性的年代，答案不会简单地出现在书里，因为生活根本就没有标准确切的答案，你也不能期望过去的经验能解决未来的问题。

湛庐阅读APP：与最聪明的人共同进化

有人常常把成本支出的焦点放在书价上，把读完一本书当做阅读的终结。其实不然。

> 时间是读者付出的最大阅读成本
> 怎么读是读者面临的最大阅读障碍
> "读书破万卷"不仅仅在"万"，更重要的是在"破"！

现在，我们构建了全新的 "湛庐阅读"APP。它将成为你"破万卷"的新居所。在这里：

● 不用考虑读什么，你可以便捷找到纸书、有声书和各种声音产品；
● 你可以学会怎么读，你将发现集泛读、通读、精读于一体的阅读解决方案；
● 你会与作者、译者、专家、推荐人和阅读教练相遇，他们是优质思想的发源地；
● 你会与优秀的读者和终身学习者为伍，他们对阅读和学习有着持久的热情和源源不绝的内驱力。

从单一到复合，从知道到精通，从理解到创造，湛庐希望建立一个"与最聪明的人共同进化"的社区，成为人类先进思想交汇的聚集地，共同迎接未来。

与此同时，我们希望能够重新定义你的学习场景，让你随时随地收获有内容、有价值的思想，通过阅读实现终身学习。这是我们的使命和价值。

湛庐阅读APP玩转指南

湛庐阅读APP结构图:

12+图书订阅服务
纸质书
有声书
电子书

读什么

湛庐阅读APP

怎么读

泛读:一书一课
通读:通识课
精读:精读班

优秀的读者和终身学习者

与谁共读

跟谁读

作者、译者、专家、推荐人和阅读教练

三步玩转湛庐阅读APP:

读一读 ▼

湛庐纸书一站买,
全年好书打包订

书城

听一听 ▼

泛读、通读、精读,
选取适合你的阅读方式

扫一扫 ▼

买书、听书、讲书、
拆书服务,一键获取

扫一扫

APP获取方式:
安卓用户前往各大应用市场、苹果用户前往APP Store
直接下载"湛庐阅读"APP,与最聪明的人共同进化!

使用APP扫一扫功能，
遇见书里书外更大的世界！

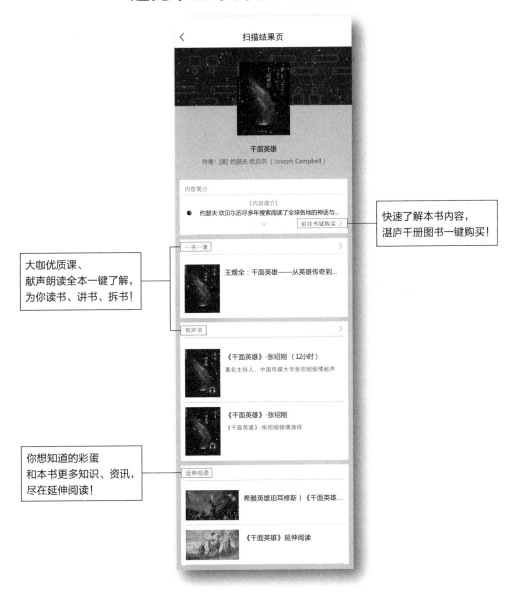

快速了解本书内容，
湛庐千册图书一键购买！

大咖优质课、
献声朗读全本一键了解，
为你读书、讲书、拆书！

你想知道的彩蛋
和本书更多知识、资讯，
尽在延伸阅读！

延伸阅读

《沃伦·本尼斯经典四部曲》（纪念版）

◎ 领导力之父，为领导学建立学术规则的大师，"领导学大师们的院长"沃伦·本尼斯四部曲纪念版：《领导者》《成为领导者》《七个天才团队的故事》《经营梦想》经典再现！

◎ 了解近代西方领导力思想、认识现代组织的领导力真谛、迎接当下和未来的领导力挑战。

◎ 清华经管领导力研究中心主任杨斌教授主编，清华经管领导力中心研究员、学堂在线"中国创业学院"频道主任徐中博士领衔翻译并审校！

使用"湛庐阅读"APP，"扫一扫"获取本书更多精彩内容
ISBN 978-7-213-07718-0

《商业的本质四部曲》

◎ "管理思想界的奥斯卡"，全球最佳管理思想的风向标，THINKERS 50出品"商业的本质四部曲"：《管理的本质》《战略的本质》《创新的本质》《领导力的本质》隆重上市！

◎ 汇集全球最杰出的大师思想，直击企业发展痛点，洞悉不确定时代的商业本质。

◎ 清华经管领导力研究中心主任杨斌教授主编，海尔集团董事局主席张瑞敏鼎力推荐！

使用"湛庐阅读"APP，"扫一扫"获取本书更多精彩内容
ISBN 978-7-300-23755-8

《企业的人性面》（经典版）

◎ 道格拉斯·麦格雷戈久负盛名之作。

◎ 作者提出两种对立的人性假设，即著名的"X理论""Y理论"，叩问管理领域的终极问题：人到底是创造价值的机器，还是可以根据需要削减的成本？借助本书，他强化了研究人性假设的重要性，告诫实践者成功管理的因素虽然有很多，但首要能力莫过于拥有前瞻性和控制人性的行为。为萌生与发展现代企业管理理论营造出良好氛围。

使用"湛庐阅读"APP，"扫一扫"获取本书更多精彩内容
ISBN 978-7-213-08387-7

《企业文化生存与变革指南》

◎ "企业文化理论之父"组织心理学的开创者和奠基人埃德加·沙因经典作品，继畅销著作《组织文化与领导力》之后的又一力作。

◎ 管理者可以在本书中找到解决企业生存与发展等关键问题的启示，员工通过理解企业文化，可以从本书中找到提升职业素养、促进职业生涯发展的契机。

使用"湛庐阅读"APP，"扫一扫"获取本书更多精彩内容
ISBN 978-7-213-07750-0

图书在版编目（CIP）数据

瞬时竞争力：快经济时代的 6 大制胜战略 /（英）丽塔·麦克格兰斯著；姚虹译.
—成都：四川人民出版社，2018.4
ISBN 978-7-220-10714-6

Ⅰ.①瞬… Ⅱ.①丽… ②姚… Ⅲ.①公司—企业管理—经验—世界 Ⅳ.①F279.1

中国版本图书馆CIP数据核字（2018）第040205号
著作权合同登记号
图字：21-2018-62

上架指导：商业管理 / 竞争战略

版权所有，侵权必究
本书法律顾问　北京市盈科律师事务所　崔爽律师
　　　　　　　　　　　　　　　　　　张雅琴律师

SHUNSHI JINGZHENGLI: KUAIJINGJI SHIDAI DE
6 DA ZHISHENG ZHANLÜE

瞬时竞争力：快经济时代的6大制胜战略

［英］丽塔·麦克格兰斯 著　姚虹 译

责任编辑：吴焕姣　张　洁
版式设计：　　　杨静玉
封面设计：
责任印制：王　俊

四川人民出版社出版
（成都市槐树街 2 号　610031）
北京中印联印务有限公司印刷　新华书店经销
字数 160 千字　开本 720 毫米 ×965 毫米　1/16　印张 14.25　插页 1
2018 年 4 月第 1 版　2018 年 4 月第 1 次印刷
ISBN 978-7-220-10714-6
定价：69.90 元
